好好说话

不要让语言暴力毁掉孩子

— 贾月珍 / 著 —

内蒙古人民出版社

图书在版编目(CIP)数据

好好说话:不要让语言暴力毁掉孩子／贾月珍著.－呼和浩特：内蒙古人民出版社，2021.12
ISBN 978-7-204-16308-3

Ⅰ.①好… Ⅱ.①贾… Ⅲ.①家庭教育-语言艺术 Ⅳ.①G78

中国版本图书馆 CIP 数据核字（2021）第 272638 号

好好说话——不要让语言暴力毁掉孩子

作　　者	贾月珍
责任编辑	高　彬
封面设计	刘那日苏
出版发行	内蒙古人民出版社
地　　址	呼和浩特市新城区中山东路 8 号波士名人国际 B 座 5 楼
网　　址	http://www.impph.cn
印　　刷	内蒙古爱信达教育印务有限责任公司
开　　本	710mm×1000mm　1/16
印　　张	9.75
字　　数	120 千
版　　次	2021 年 12 月第 1 版
印　　次	2022 年 4 月第 1 次印刷
印　　数	1—2000
书　　号	ISBN 978-7-204-16308-3
定　　价	24.00 元

图书营销部联系电话：(0471)3946298　3946267
如发现印装质量问题，请与我社联系。联系电话：(0471)3946120

写在前面的话

就在我着手整理这部书稿时，又一个家庭因为恶劣的亲子沟通险些酿成惨剧。

江西九江22岁的女孩罗某与哥哥、父亲乘车同行，途中，罗某与父亲发生争执。双方均带着情绪激烈争吵，父亲拿出家长的权威对着罗某大吼大叫，罗某突然打开车门，爬上围栏，跳进了江水里，父亲紧跟着追出去也跳了下去。所幸他们被周围人及时救起，才没有造成悲剧。

为什么要争吵？为什么不能好好说话？好好说话有多难？

从来没有人把好好说话当回事。有人会说，那有什么难的呢？不就是心平气和地说话吗？殊不知，心平、气和这样平常的事，做起来却并不容易。对于情绪、语气，人们总是放纵的、不在意的、不加约束的，久而久之，这简单的事便成了人生修为中的难事。

许多冲动之下的行为都是因为话赶话。在这世间，父女关系可称得上是最亲密的关系之一了，许多人说女儿是父亲最贴心的小棉袄。在许多家庭中，父女关系的亲密度甚至超过了其他家庭成员的关系。可为什么有的父女一见面便开吵？上面这对父女的具体争吵内容，新闻中并没有提，只是说又开始了争吵，看来争吵已是父女关系的常态了。他们每次为什么争吵？是为了一件事没完没了没结果地吵，还是突然话不投机？父亲力求用吼叫和音调压倒女儿，这是怎样的情绪使然？是因为爱，还是为了争得自己的面子？这涉及父亲的性格和人格问题，我们在此不能妄下结论。

情绪的生长大多源于人的深层次愿望，有时候我们也称之为信念。深层次的愿望多是人们不在意或者意识不到的，只有在面对激化的冲突时才会于无意识中冲口而出。而潜意识中的语言，即不经思考的语言，才是一个人最真实的想法。对于内心深处愿望的实现，人总是有着不可阻挡的执着，当这个愿望迟迟得不到满足，便会产生一系列情绪。情绪的有形表现形式是语言和行为，而于亲人之间最常见的便是语言暴力。

好好说话有多难？其实，控制情绪并不难，但若情绪失控，是很难有好话的。

有许多争吵都不是就事论事。曾有一对夫妻因为争吵闹着要离婚，及至调节到最后，谁都说不清自己为什么要吵得剑拔弩张，他们已经完全忘记吵架的开端了。是因为菜的味道不对口味，还是因为桌布的颜色不称心，或者是对电视剧的评价有分歧？到最后，两人纷纷指责对方态度不好。看，他们找到了症结——态度不好。那么，把态度转好不就行了吗？不就是表情柔和一点、语气舒缓一点、眼神温暖一点吗？这很难吗？答案是：很难。

为什么很难？比较正规的解释是：信念作祟。不知道有多少人在理清了"战争"的来龙去脉之后，仍然大义凛然地强调："要的就是他（她）的态度！"还真是相爱相杀到白头！

有许多争吵都是"刻意"设计出来的。有些人特别热衷于连绵不绝的争吵，一次争吵没分出输赢便如鲠在喉，总想找回自己的"主场"。这在亲子关系中最常见。父母在与孩子的较量中没有感受到绝对的权威，便万分不甘，总想压住对方，于是隔段时间便会想个由头再次挑起纷争，一次一次地希求在对峙中获胜。他们"热身"的时候总是这样想：得找他好好谈谈了；不能让他走歪路；他不愿意听也得说，这一切都是为他好；等他长大自然会明白……他们"明确"了这个"爱"的出发点，便有了投身于"战争"的勇气，于是端起监护人的架子"下战书"。

事实证明，随着孩子年龄的增长，战势逐渐扭转，父母败阵的概率越来越高。一方的心智、思想、自我意识都在成熟、成长，而另一方却一直停留在最初的目的与方法上，总是把自身的地位与身份当成最大的筹码，一味追求"赢"，而忽略了监护人的职责，也忽略了教育的真正目的。家长们像赌徒一样，越输越没有理智，根本顾不上冷静下来思考：这样一味求"赢"究竟是为了什么？真的是为了孩子好吗？难道不是为了自己的某种心思？他们总是认为孩子没有按照自己的意愿去做便是自己的失败，殊不知，这种不明所以的愚蠢较量，从外在来看是丢失了良好的亲子关系，而实质上，这不眠不休的冲突实在是伤敌一千自损八百的"战争"。父母输了"面子""尊严"，而孩子输掉的是人生。

再深剖下去，将涉及人的性格形成、三观形成、思维方式等方方面面。原生家庭这个概念近几年大量被提起，也越来越被重视，而在实际中，要改变原生家庭中那些错误的方面，是难而又难的课题，每个人都在不知不觉中重复着上一辈或者上几辈的婚姻模式、家庭模式。一个家庭中必然存在着多种多样的问题，在本书中，我们主要剖析沟通这一问题，其他问题留待之后逐一解读与分析。

文中案例所涉及人物均为化名。

目 录

第一章 家长们的沟通模式与风格 ·········· 1

第一节 你也许一直在做着假沟通 ·········· 2
一、家长特"拳" ·········· 3
二、字字见血,句句诛心 ·········· 10
三、喋喋不休的饭桌教育 ·········· 14
四、戏精上线,逼得孩子有苦难言 ·········· 19
五、多说"谢谢",慎说"对不起" ·········· 23

第二节 坏的沟通:沟而不通 ·········· 26
一、冷置法,闭门反省 ·········· 28
二、冷嘲热讽,极尽"毒舌" ·········· 31
三、步步挖坑,信任崩塌 ·········· 37
四、不欢而散 ·········· 42

第三节 真沟通:沟了,通了 ·········· 46
一、解惑答疑 ·········· 46
二、知心姐姐 ·········· 51
三、坦诚密友 ·········· 56
四、老铁同盟 ·········· 58
五、共同成长 ·········· 63

第二章 出口成章还是出口成"脏" ·············· 68
第一节 情绪的傀儡 ·············· 69
- 一、暴躁与踢猫 ·············· 69
- 二、暴躁对应咆哮 ·············· 76
- 三、愤恨神补刀 ·············· 79
- 四、失望之后的歇斯底里 ·············· 82
- 五、焦虑不安乌鸦嘴 ·············· 93
- 六、怨,一把锋利的软剑 ·············· 99
- 七、悔,恨,阴阳怪气 ·············· 103

第二节 做情绪的主人 ·············· 109
- 一、愤怒时适时沉默 ·············· 110
- 二、纠正认知的偏差 ·············· 112
- 三、注意力与行动转移 ·············· 117
- 四、改道疏解,重置信念之锚 ·············· 119

第三章 几种场合中的沟通与应对 ·············· 123
第一节 夫妻之间的沟通 ·············· 123
- 一、你说你的我做我的 ·············· 124
- 二、双双任性无休止 ·············· 129

第二节 家校沟通 ·············· 134
- 一、把老师当客户 ·············· 135
- 二、老师说什么不重要,重要的是老师说了 ·············· 136
- 三、老师对我的孩子有偏见 ·············· 138
- 四、和谐相处,共同育儿 ·············· 140

第三节 亲友之间的沟通 ·············· 143

第一章　家长们的沟通模式与风格

人与人的沟通是指人与人之间、人与群体之间思想与感情的传递和反馈过程，以求思想达成一致和感情达成畅通。沟通有三个要素：明确的目标，达成共同协议，沟通信息、思想和情感。好的沟通往往符合这样的公式：

7%内容+38%语音语调+55%肢体语言

瞧，是不是颠覆了我们的认知？事实上，在一个良好的沟通中，内容只占极少的份额，而我们在惯性的认识中往往将重点放在内容上，我们进行沟通的目的就是把内容传递给对方，并获得对方的认可和接受。而这个公式却告诉我们，沟通最开始起作用的是肢体动作，最次要的便是把沟通重点聚焦在内容上。

在我开办的家长课堂上，我曾要求家长们完成一件事：无论是家长会之后、孩子犯了错之后，还是孩子取得成绩的时候，先什么也不必说，试着去给他一个拥抱，再看看拥抱之后的交谈氛围是什么样的。我不知道他们执行得如何，但我相信，那些交谈顺畅而成功的，肯定都做到了拥抱孩子，而沟通仍然焦灼且无所改善的一定没有做到。

现在，让我们认真审视一下自己的亲子沟通模式与风格吧。

第一节　你也许一直在做着假沟通

假沟通，有的同行也称其为没有沟通。

"该讲的我都讲明白了，该说的我都说了，真是掰开了揉碎了。而且沟通前我做足了功课，他也没表明不同意呀！"这是许多沟通失败的家长都纳闷的事。

对于沟通，并不能简单地认为说了讲了便是沟通了。沟通由两个字组成——有沟，有通，一方讲，一方听或不听都不能算是沟通，例如上述概念所涵盖的，沟通至少要有传递、有反馈。而我们平日的沟通大多是没有反馈的，主要表现为：

背对背式。就是当我们讲的时候，对方不反对，也不明确表示认同，而是不看我们，专注于别的事，表现得心不在焉。

地板式。这种常见于面对我们的指责、批评时，对方只看着脚尖，没有语言和行为的反馈，也拒绝让我们看到他的表情。

天花板式。就是任由我们说什么，对方始终不看我们，而是扬脸看着上方。这是孩子反抗、不服气时的常用方式。

这三种方式都是一方讲，一方没有回应、拒绝沟通，而这根本算不上沟通。站在我们的角度便成了"油盐不进，这个耳朵听那个耳朵冒"，然后追究执行结果时便咄咄逼人："当时你也同意了，当时你也没反对呀，怎么就说到做不到？！"

这就是我们一直在假沟通里深陷而不自知。

第一章　家长们的沟通模式与风格

一、家长特"拳"

"别废话，让你做什么就做什么！""收起你那些不切实际的想法！""听我的没错。""你懂多少，闭嘴！"……这些掷地有声的话大多来自权威型的家长，他们是领导、是权威，有至高无上的话语权，专权使用命令句、祈使句。

为人父母，有着上天赋予的特权，这便是对于子女的养育、管教权力。这个权力的独特性在于：对于你的子女，只有你拥有这个权力；你只对你的子女拥有这个权力。

家长养、育、管、教的最终目的是让子女长大成人。家长想让孩子成为什么样的人，便会自行制定出相应的养育管教模式与方法。而实施这些方法的最常用的技术便是沟通，家长们在沟通的过程中无时无刻不行使着特权。

那么，这一特权怎么用？

无疑，在孩子的成长中，主导方是家长，家长提供衣食使孩子的身体发育成长，家长教给孩子做人的道理，家长约束孩子遵守某种规则。相对于未成年的子女，处于主导位置的家长无论体能或是心智，都有着超强的优势。这样悬殊的能量差非常容易使家长把特权行使成"特拳"而频频出击，他们面对毫无还手之力的对手，无一不大获全胜。但是，家长的威望也在一次次获胜中跌落了。

每年都会有高考生及家长来我这里请求帮忙选择学校和专业。成绩好一点的考生家长大多有着明确的目标，直接提出让我为孩子填报令他们满意的学校与专业，而有的家长话里话外却透露出他是

好好说话：不要让语言暴力毁掉孩子

在家里与孩子商议未果甚至谈崩了才来的，希望我做说客，以我的心理师身份以及专业理论知识去给孩子施压，让孩子服从。

高中三年对孩子来说是很匆忙的，高一时要适应初中到高中的过渡转换，大多数孩子来不及彻底适应便开始了成绩的拼杀；高二时，孩子们无论对学习节奏的适应以及对高考的了解都有所深入，心绪相对稳定些，会开始思考报考什么学校、学什么专业，同学之间也会互相交流。这个阶段，有的孩子会初步明确自己的目标，这个目标或来源于同伴的感染，或来源于平日里所听所见的榜样，但仍有许多人是迷糊的；紧跟着的是三轮总复习，成绩、成绩，孩子们每天都在分数中起起伏伏，不知不觉间，高三一年就过去了。

填报志愿时，无论一流二流三流，所有学校都汇集在一本厚厚的志愿填报专刊里，密密麻麻的，每个专业的名字都带有一些"神秘性"，让人不知所云。即使是学霸级的学生有了明确的北大清华厦大等大学目标，但具体到专业又不甚清楚。这时候，就需要有明白人对他们进行学校、专业的解读，再有便是对他们自身兴趣、潜能的解读。

但在现实中，人们能做到第一步就已经不错了，至于自身兴趣、潜能，总会被忽略。

高考成绩一出来，家长们便摩拳擦掌，认为考试已经结束，孩子可以中场休息，该轮到他们上场了——决定孩子未来人生走向的决策人非他们莫属。他们提前开始做功课，时时刻刻研究各个学校，不可谓不劳心，不可谓不重视，不可谓不殚精竭虑。如果不是正式填报那天需要经验，需要眼疾手快，而家长们多数不熟悉填报流程，不敢贸然行动，肯定要全程包办了。

第一章　家长们的沟通模式与风格

能进重点不上普通，能上本科不读专科，什么专业好就业，什么专业薪水高，什么行业有"钱"景……这些便是家长们功课的内容。

有一位家长带着女儿来到咨询室，他的女儿文科考分超过一本线20多分，问我能不能填报麻醉专业。因为家里有人生病住院，他发现麻醉师不像临床医生那么辛苦，收入也比普通工作人员高，便四处"了解"麻醉师这行的优势，觉得女儿将来当个麻醉师很不错。我告诉他那是理科生才能选择的专业，他顿时斜了女儿一眼："你为什么要学文科？"女儿也斜了他一眼，不屑解释。

女儿表示想学新闻，因为她在中学时便是本地一家媒体的通讯员了。于是我根据她的分数列出了几所有新闻专业的综合类大学，讲述了各大学的学术特色，分析比较各学校的优劣之处。结果我们忙乎了一通，那位父亲却严厉地说："别报那破专业，记者是吃青春饭的，年龄大点就跑不动了。再说了，记者工作没规律，等到成了家有了孩子根本忙不过来。而且，当记者也有危险。"然后列举了他听来的许多记者被威胁、被摔机器的例子。

在我与她女儿都无语的空当，他拍板："报汉语言专业，将来找工作空间大，可以公考，也可以做文职。"之后又是一通数落，"非得学这破文科，学理科多好！瞧瞧，文科就这么几所学校几个专业，

> 目光短浅、无知无畏、不学习、习惯于指责和埋怨的家长，是很难取得孩子的信任、令孩子佩服的。

好好说话:不要让语言暴力毁掉孩子

将来只能混个饿不死,没前途。"

女儿可能早已在长期的较量中磨得油滑了,网上填报志愿那天,她趁着父亲松懈的时候,在网报志愿结束前半分钟悄悄在电脑上调换了自己想报的那所学校的新闻专业,然后暗暗地朝我递了个眼色,神秘地笑笑。说实话,我为她捏了一把汗。

相比较这个女孩,男孩李帅就没那么幸运了,因为他的父亲全程像看守犯人一样紧盯着他的手。

"收起你那不切实际的想法,什么智能、生化,都是花里胡哨的专业,将来能干什么?让你报管理就报管理,将来做个高层CEO,等你成了高富帅就会知道自己今天多幼稚了,到时候你会感激老爸的。"李帅爸爸一副"我宁愿你现在骂我,总有一天你会知道我是为你好"的大义神情。

李帅的高考成绩中等,不够一本线,只能在二本里选一所普通院校,这样一来,专业就尤其重要了。有些新兴的实用型专业在研究生招生专业里没有开设,而李帅的父亲认为这些专业跟高职高专没什么区别,最多也就当个高级技术工人,肯定走不远,要选就选一个四年后能够考研深造,工作后又"体面、高级"一点的专业。李帅不想考研,可刚一开口后脑勺就遭到了暴击。

李帅气呼呼地咯噔咯噔地摁着鼠标,在离网报志愿结束还有一段时间时来回切换学校和专业,不

> 有太多家长,自己认知有限,却不屑于听取孩子的意见,更不肯去了解未知领域的事物;看似很紧张孩子的前途,却不肯花时间去了解孩子的喜好,帮助他们走出迷茫,看清事物的真相。

第一章　家长们的沟通模式与风格

断地看着排名更新。最后十几分钟，李帅父亲又狠狠拍了李帅的脑袋："别换了，就在这个学校老实待着，别晃来晃去耍滑头！"

李帅嘭的一下踢开椅子跳起来："谁报谁上（大学）！"撂下话就跑了。当然，跑得了一时跑不了一世，两个月后，李帅还是被父亲"押"着去上学了。

当我们与孩子的沟通遇到阻碍，我们的命令、祈使遇到反抗，或者如同打在了棉花上没有反应，我们就会暴躁不止，不得不强行施威，甚至用最简单粗暴的方式——武力解决。此时，孩子的反应往往是沉默地躲在角落里。而今后与人相处时，他往往会变得蛮不讲理、横行霸道。他们的言行惹人生厌，但这种假装出来的所谓"强大"背后，是他们内心的脆弱与对关怀与帮助的渴求。这种时候，便是公式中的"行为"上场解决问题的时候了。

"你只能说是，不能说不是。""让你做什么就做什么。""让你说话了吗，闭嘴！""少废话！""痛快点！""我看你是皮痒了！""不揍不行！""不能惯着！"这些都是权威的指令。这些指令成为一把冷酷的大锁封锁住了孩子的心门，而且锁上之后的很长时间内，我们都不曾想过打造一把开启的钥匙，直到那锁冰封了、生锈了，我们才会惊慌地去想：如何打开他的心门？钥匙呢？

理发店里，一对剑拔弩张的父子令理发师手足无措。原来儿子留了小辫子，父亲觉得学生不应该有怪异的打扮，太有伤风化，粗暴地让儿子剪去。那个高中生个子足有一米八了，几乎高出父亲一头，只是体型偏瘦，拗不过父亲的武力才被拖到理发店。父亲气哼哼地把他摁在理发椅上："给他理光！"

好好说话：不要让语言暴力毁掉孩子

理发师怔怔地看看父子俩，没深问，拉着高中生，尝试调节气氛："冬天挺冷的，别理光头了，理个板寸吧，到春节前长了再理一次。"

"总之必须把他这不伦不类的小辫子给割了。"父亲的语气稍有缓和。

"不行，上边还要留着。"儿子争辩一句，转向理发师，"把底下给我修剪一下，上边留着，我还得扎呢。现在还不是剪掉的好时机！"

"扎什么扎？！"父亲立刻跳起来，狠狠地扯着儿子衣服，企图继续把儿子摁在理发椅上。儿子用力一甩肩膀，父亲踉跄着撞在器材台上，立时恼了，抡起拳头对着儿子就是一顿狂揍。儿子一边躲一边后退，一直退到门口处，拉开门就跑了，父亲也追了出去。

不一会儿，儿子被拎着衣领揪了回来，脸上有一点发青——被父亲打的。他不得不屈服在武力之下，委屈地坐在理发椅上一言不发，任父亲指挥着理发师。随着头发飘落在地，他的眼泪也噼里啪啦地掉。

趁着那父亲去外面接电话的空当，理发师安慰男孩："别难过，没几天头发就长出来了。大人们接受不了新发型是正常事，有代沟嘛，多理解吧。"

儿子表情很难过："你知道吗？每一毫米头发就是我一毫米的知识积累。我也不是想一直留着，本来是想等这次月考进了前十名就剪掉的，这下子没

> 事出反常必有"妖"，如果不是奇怪的家风，那么这样既突然又怪异的行为肯定有背后的动机。

第一章　家长们的沟通模式与风格

了辫子，我也没动力了！"

　　失恋了剪个短发，成功了换个发型，这有什么问题呢？谁没有过青春？想去做一件事，去冒一次险，去完成一个目标，去为一个梦想拼搏，总需要有个支撑，这个支撑或来自亲人的一句话，或来自好友的一个点赞，或者只是一个简简单单的小仪式。这位高中生用留辫子、剪辫子这个小仪式去激励自己完成目标，本是很好的行为契机，只因为父子之间没有深入沟通，父亲没有给孩子解释的机会，也不了解内情，只是凭着自己的认知先入为主地认为儿子这是特立独行，是追求所谓的个性，便强行命令儿子剪掉，进而破坏了高中生的小计划。也许，以后他都不会再有兴趣来立个小目标并为这个小目标寻找一个支撑点而努力了。

　　我们再回到前面提到的填志愿一事。这些年下来，我有意无意地回访了一些考生的后续，有些孩子当时被迫或者懵懵懂懂地依着父母的意愿去上了大学，但是四年时光过去，甚至走上社会之后，他们很多都改了行，抛开了那张学历从零开始，一次次地应聘、试用、离职，左冲右突地寻找着自己的人生方向和生存位置。不仅四年大学时光白白浪费，毕业后也一直不稳定不顺利，在不安中蹉跎着。而那些在填志愿时便与家长达成共识的学生，则依照设定的规划一步步稳定前行，或考研读博，或找到了与所学专业相关的工作，在岗位上运用自己所学不断提升，沿着明确的人生方向有条不紊地行进。

好好说话:不要让语言暴力毁掉孩子

二、字字见血,句句诛心

亲子之间最融洽的时光大约在孩子三岁之前。那时候我们初为人父母,看孩子新鲜好玩,对孩子耐心无限,对婴儿屎尿也充满关切,而孩子刚刚学舌时,更让人觉得"萌"而有趣。但从孩子进入幼儿园那天起,这种和谐就渐渐在不知不觉间被打破了。因为有了期盼有了目标,我们不再因孩子的每一点成长进步而感到惊喜,反而恨不得孩子在幼儿园里每一秒都学一项本事,绝不能浪费大好时光以及昂贵的学费。于是,孩子每一个小小的失误、小小的松懈、小小的落差都会让我们焦虑不安,我们循循善诱的耐心很快磨没了,代之以严厉、严格的教育原则,语言也越来越犀利、越来越精准到位,真可谓针针见血、句句诛心,语言杀伤力在孩子的一次次试错中精进、提升。

苹果妈妈傍晚接到一条短信,苹果的这次考试较上次又下降了三名,妈妈的心头火窝了一夜无处发泄。不知为何,自这学期开始,苹果的成绩一直下降,本来在班里还算中上等,现在是绝对的差生了。苹果妈自从怀孕就辞去了工作,一心一意相夫教子,把全部的心思和希望都放在苹果的身上。她想不明白,就那么一点知识,在学校学了一遍,回到家里她根据作业再讲一遍,为什么苹果的小脑瓜就是学不进去?就算学进去了又留不下痕迹?无论谁拿到小学课本,肯定用不了一小时便能从头看到尾了。

她不想承认自己的孩子智商低。夫妻俩都是名校毕业生,而且从上小学起,她就是班里的尖子生,苹果哪怕只遗传她的一半,也

第一章　家长们的沟通模式与风格

应该轻而易举地是优等生啊，何况还要加上来自他爸爸的那一半。而且，他们对苹果的要求并不苛刻，只希望他保持在前十名就可以了。刚上学时他还在前五名，二年级就退到十名之外了，三年级之后更不用说，真是屡考屡退，直奔那最后几名去了。

苹果妈还发现，这小子虽然成绩下降了，谋略倒是增长了。刚开始教训他时还会痛哭流涕地表态："妈妈我错了，下次一定考好！"渐渐地变成了徐庶进曹营——一言不发，现在干脆拉着脸来个避而不见。因此，苹果妈肚子里窝了一大团火，很灼热，烧得她一夜睡不好，时不时听听另一个屋里的动静，她自己也说不清是不是在寻找爆发的契机。

这又不是高手对决，一个9岁的犯了错误的孩子，有什么资格跟我对战？我又何必遵守"江湖规矩"，一定要静待对方先出招儿？最终，苹果妈按捺不住，闯了进去。

"到现在为止，你对自己还很满意吗？"她站在门口问。

苹果表情阴郁，低着头，两手紧紧攥着，一副聆听教诲的神情。苹果妈要的就是这种悔过知错的态度，于是把语气放缓："难道你不会总结一下吗？为什么成绩一次比一次低？但凡有那么一丁点提升，也说明你用心学习了、努力了，只要有努力的态度，总有一天成绩会提上去的，啊？"

苹果仍是不变的姿势，只是眨了两下眼。这种

> 人的学习能力和思考能力会随着年龄的增长、生活阅历的增加而提升。成年人学习小学、中学的知识会觉得容易，是因为在长期的生活中形成并熟练掌握了逻辑思维能力。

好好说话：不要让语言暴力毁掉孩子

平静又挑起了苹果妈的怒火，她向前跨了一步，提高嗓音："为什么你就没有一点羞耻心？一次考坏是意外，两次考坏是巧合，三次还考坏就是能力不行。既然知道自己能力差，为什么不去努力？同样坐在教室，同样听老师讲课，为什么别的同学能考双百，而你却只考那么几分？你这样没有求胜心、上进心、荣誉感，将来还能做成什么事？这种懒散的态度会毁了你一生！"

苹果的头慢慢压得很低，像傍晚休息的鸭子，扎进胸里。

"你别觉得天天上学是为了妈妈爸爸，那都是为了你自己。现在这个环境，有个好成绩才能上个好中学，才能考上好大学，才能找到好工作。我整天讲整天讲，磨破了嘴皮子，可你就是不了解大人的苦心，难不成真是低能儿?! 翻透整本书就那么点东西，死背也倒背如流啦，咋就一点也不进脑子呢？你的脑壳是石头的还是塞满了糨糊?! 真丢人！"

苹果的眼泪终于被攻了出来，晶莹的泪滴落下去，掉在白色的瓷砖上。苹果妈似乎听到啪的一声，她想，他那顽固不化的心应该也碎了吧？于是她宣布："从明天开始去补课班补课吧，一会儿我就去报名。简直没一科好的，科科都很烂，语、数、外都要补！"见苹果没有反应，她又追着问："怎么样啊？到了现在这地步，除了去补课班还有什么好方法吗？难道你以为凭你自己能把成绩提上去？"苹

> 在这个沟通中，苹果没有语言，只有表情与行为，而妈妈三者并用，语言极其犀利却苍白无力，无疑，这是一次失败的沟通。

第一章　家长们的沟通模式与风格

果妈自认为非常了解苹果，对他的判断丝毫不会错，她认为现在的苹果如果不借助外力，根本就是无药可救。

"好吧！"苹果回答。

苹果妈满意地转过身，忽然又想起一件事："你现在就把这周末的作业做完，周末就去补课班！"就在发布这道命令的同时，她无意中看到了他的手，顿时快疯掉了——他的手里紧紧地攥着悠悠球。她原本以为苹果这一天多的时间把自己关在屋子里是在反省、自责，没想到竟然是躲在里面悠悠然地玩着悠悠球，这是万万不能容忍的！

苹果妈一步蹿过去，一把把悠悠球抢过来："你还真是没心没肺啊，还玩什么悠悠球！行了，别再让我看到你玩悠悠球。再玩一次，这辈子都剥夺你玩悠悠球的权利！"说着把悠悠球愤然投进垃圾桶里。

苹果表情痛苦地望着垃圾桶——那只蓝色的悠悠球是他的最爱。他的球技在同学中堪称一绝，他还总结了一套玩悠悠球的理论，发誓也要当一名火力少年王。苹果妈以前并没有限制苹果研究悠悠球，因为她一直以为苹果对悠悠球的那份执着认真劲总有一天会用到学习上。可事实证明，她对他还是太乐观了，不如索性做到底，彻底绝了他的念头！为了防备他捡回去，苹果妈又把悠悠球从垃圾桶里捡出来，拉开窗户直接抛了出去。

苹果疯了一样扑过来，从后面抱住妈妈的腿："妈妈不要扔，求你啦，不要扔悠悠球！"

苹果妈没理会，用力抽出腿，甩开他，快步回到自己的卧室。苹果半趴在地上，一直抽泣。

好好说话：不要让语言暴力毁掉孩子

　　冷酷，残忍，这是亲妈吗？作为妈妈，怎么能对自己的儿子如此恶言相向？这太摧残孩子的人格与自尊了！看到这里，无论谁的心里一定会冒出这些词来骂这位妈妈。其实想一想，这一幕或曾也在我们的身上发生过，确切地说，我们可能不止一次地主演过这样的一幕。当我们对孩子不满时，我们会变得很"博学"，训骂、贬损起孩子时，我们的词汇之丰、语锋之利让人"刮目相看"。不信下次对孩子发火时，把自己的话录下来，听听回放，我们会发现，我们的舌头足以杀掉孩子。当孩子无助地低下头哭泣时，我们好似得胜了，以为自己的教育奏效了，孩子被刺激得悔过了，我们根本没有意识到，孩子的泪水里有多少委屈、失望，甚至咒怨。这些感觉埋在孩子心里，一次一次累积。

三、喋喋不休的饭桌教育

　　家长上班，孩子上学，一天中，一家人大部分时间都是各忙各的，唯有休息时才回到共同的家，共处一个空间。而休息时段的生活内容主要是吃饭、睡觉，这么算起来，亲子共处的时间其实挺少的。每位家长都知道孩子健康成长要保证睡眠，因此，吃饭时间段便成了父母见缝插针地灌输教育理念的宝贵时光；也因此，饭桌教育成了现代家庭的一道风景。

　　苹果同意去补课后，苹果妈雷厉风行，飞快联系好了补课班，看到苹果很安静地坐在座位上，很专注地听老师讲课，才安心地离开。回到家，她想到今天对苹果来说是一个新起点，于是决定做点美食鼓励他，鸡米花、鱿鱼圈、紫菜卷，全是他爱吃的。忙碌完

第一章 家长们的沟通模式与风格

了,她坐在沙发上打开电视,眼睛虽然盯着屏幕,却一点也没看进去,脑子里一直想象着苹果见到桌上美味的表情:"哇,全是好吃的,妈妈,你真是好妈妈!"

她看看时钟,两个小时过去了,又过了13分钟,门口传来钥匙插进锁孔的声音。

"我回来了。"苹果平静地在门口换好鞋往卧室走。回他的卧室要经过餐厅,他并没有看餐桌一眼,好像也没有闻到香味,径直回自己屋去了。

苹果妈心底隐隐又燃起一团火:他还记恨着悠悠球的事?她深呼吸几下把火压下去,整理整理心绪,站起身坐到餐桌前,招呼苹果吃饭。

苹果若无其事地走出来,坐下,拿起筷子,端起碗。

"感觉怎么样?补课有效果吗?"苹果妈直奔主题。

"还好吧。"

"还好是什么意思?"苹果妈心头的火苗向上蹿了蹿,"你觉得那老师讲得好吗?"

"还好。"

苹果妈想摔筷子了。她的手停在空中顿了一下,轻轻把筷子放在碗上:"那么,你觉得补课有必要的,对吗?"

"嗯。"苹果夹起一粒鸡米花放进嘴里,无声地嚼着。

"那就补一个月吧,下次月考看看效果。"苹果妈自找台阶。两人再也无话,各自吃饭。其实苹果妈觉得自己还是很委婉的,没有直接问"这一节课你觉得能提多少分"。

"妈妈,我去写作业了。"苹果很快吃完了,桌上的菜剩了好多。只半天之间,苹果竟然主动去写作业?他转变这么多?苹果妈

好好说话:不要让语言暴力毁掉孩子

有些接受不了,望着孩子的背影,她突然之间觉得好陌生。

不写作业的问题解决了,可是她的心却沉重了,她有一点怀念因为写作业母子交锋的场景。她拿了一颗苹果走进去:"苹果,吃点水果吧。"

"嗯。"

一会儿,她又倒了一杯水:"别忘了喝水啊,屋里太干燥了。"

"嗯。"

她向前探了探身子,见苹果的确是在写作业,便极力找话:"这周作业多吗?"

"挺多的。"

"要写到几点啊?"

"不知道。"

"那我不打扰你了,你快写吧,早点写完早点睡觉。"

从苹果上三年级以来,苹果妈对他说作业的事从来都是用吼的,这是第一次这么平静。她不知道孩子什么时候睡的,也无心看电视,早早洗漱好躺到床上,拿本书徒然地翻了几页,那书上有许多"的、地、得",也有许多"是、我",但具体什么内容她根本没有看清楚。

苹果妈因为没有收到预期的回馈而不快。让我们回顾一下她做美食的最初意义是什么,是"做点美食鼓励他",结果,因为她要的只是孩子的感恩,关注的只是自己的需要,丝毫没有注意到孩子的感觉,所以她做美食的本义也就失去了。别说刚刚交锋过的孩子,即使一个不相干的人,也会拒绝这种没有预约的交易。

我曾为来我这里的家长们布置作业,让他们开完家长会,无论

第一章　家长们的沟通模式与风格

在学校收到了什么样的反馈，无论好的坏的，回到家都去拥抱自己的孩子。因为当家长坐在教室里听取老师们的反馈时，教室外的孩子们也不轻松，也会忐忑不安，成绩好的孩子担心父母会对自己提更高的要求，成绩差的孩子当然担心发生"单打"或"混合双打"。他们不安又敏感地观察着大人们的表情，揣摩着家长的一举一动，所以这个无声的拥抱就显得十分珍贵，首先它传达的感情是：我仍然爱你。

然而，许多家长在课堂上理解得很好，一回到家便被情绪所左右而忘得干干净净。

星冉妈在家长会上失了面子，她感觉尴尬至极。

当她终于挤到老师跟前问询星冉的近况时，老师这样回答她："哎呀，星冉家长，我正想找你呢。星冉这阵子不知道怎么了，上课总是说话，还招惹前后桌的同学，扰得别的同学也上不好课……"

"啊？"星冉妈一句话也说不出来。真没想到，星冉已经到了让老师找家长的地步了，这不等于说他属于坏学生吗？

"星冉在家里也这样吗？根本不拿老师的话当回事。我一再强调上课时候手背后，他就是不听，一会儿就拿前面来了，摆弄摆弄书，捅咕捅咕周围的同学。他还总说话，一个小孩子，哪来那么多话啊？"老师继续说。

"在家……啊、啊……"感觉其他家长们的目光都射了过来，星冉妈不敢抬头。对于老师的问题，她不知道如何回答，因为在家里不上课呀，在家里当然可以随便做这些了。

"我说过他好多次了，可这孩子，好像越说越来劲，一次比一次严重。因为他一个人，搅得我都没时间照顾其他学生了，我不能把

好好说话：不要让语言暴力毁掉孩子

太多时间用在他一个人身上呀……希望家长配合一些，回去好好跟星冉讲一讲。"

进了家门，星冉妈迅速摆好教训的阵势。她转过身，两手叉腰，居高临下地对着背靠着门的星冉："你这个孩子要学坏了，上课不老实，说话，搞小动作，还影响别人，老师的状都告到我这里来了！你怎么回事，这么给我丢人？！"

星冉惊讶地望了妈妈一眼，悄悄地把手里的汉堡放到桌上。那是星冉妈去开家长会之前为他买的他最爱吃的鳕鱼汉堡，此时他觉得吃汉堡是一种罪恶，妈妈的表情已经表明他又没资格吃喜欢的食物了。除了静听妈妈的指责与唠叨，他最好任何事也不要做，此时此刻，任何一个小动作都是引火的助力。

"学习成绩下降，上课不好好听讲，还扰乱课堂，让老师叫家长，你就是这么报答我的？你能不能省点心啊？大人整天事情够多的了，你还在这儿添乱，咋一点也不体谅大人呢……你上课不好好听讲的事，这次老师在家长会上又重点说了，唉……因为你的坏毛病，我就得去受刑，多难看啊，那么多家长都看我一个人。其他家长，孩子都被夸奖，只有我，因为孩子犯了错在那儿丢人现眼！你给我好好改掉这臭毛病，别再让我处于那种难堪的境地！"

"妈妈，对不起……"星冉能想到的让妈妈闭

> "给我丢人"，星冉妈妈的关注点有些奇葩。在这个问题中，核心是星冉上课搞小动作，而星冉妈妈关注的却是自己的面子。一个小小的违反了课堂纪律的行为与她的面子有什么实质性关系呢？

嘴的办法只有道歉。

"对不起就行了？我不做饭说句对不起行不行？我不整理家说句对不起行不行？爸爸不上班说句对不起行不行？爸爸不出差说句对不起行不行？想用一句'对不起'搪塞你老妈，蒙混过关？休想！这件事你得好好反省，必须认识到自己的错误。简直是说话不算话，事后又不想承担责任！你自己好好想一想，到底为什么考这么几分，为什么就坐不住。"

星冉再也没有开口，看看那咬了两口的汉堡，他顿时觉得难吃极了。

我想问一问家长们，开家长会的目的是什么？老师当然会向家长反映孩子在学校的情况，而家长应该做的是接收这些信息，再跟老师商议如何改正孩子在成长过程中出现的问题。召开家长会，不是让家长们去当面攀比孩子分数高低的，更不是普通成人的聚会，看看谁混得好、谁混得惨。家长去开家长会就是为了了解孩子成长中的失误之处，找出其中的原因，商议出帮助孩子的对策。要知道孩子犯错是正常的，犯错才能成长，人的一生不就是经历一次次错误和失败而成长的吗？

四、戏精上线，逼得孩子有苦难言

在做婚姻咨询时，我曾讲过"示弱"，建议一些女性同胞们在生活中要学会示弱，不要一味那么强势。但我所说的示弱，并不是教人刻意去装可怜、装柔弱。虽然说如今的女性已不是弱的代名词，但适当示弱并不是可耻的事。可能是我这位调解师水平不够吧，许

好好说话:不要让语言暴力毁掉孩子

多女性把这个示弱用歪了,用到对孩子的教育中,更成了有力的绵里藏针的武器,她们用示弱的方式把孩子逼得有苦难言。

小鱼是单亲家庭的孩子,母女二人生活得很艰辛。小鱼母亲瘦瘦的,个子也不高,看上去有些柔弱,这样的外表加上她一向的示弱性格,使得小鱼有着满满的负罪感。母女俩在一个大市场里开了一家鱼店,吃住都在店里。小鱼心疼母亲,总是想方设法地帮母亲做事,刚刚三年级的女孩能够一眼看出鱼的分量,准确捕捞,熟练宰杀,开膛清洗,已经完完全全是一名售鱼小贩了。

"小鱼学习不行。这孩子在学习上就是不开窍,天生不是学习的料。我整天起早贪黑、风吹日晒的,你说求啥?不就是求她能学习好点,考个好成绩,将来上个好大学,别像我一样……"这是小鱼妈常说的话。

"唉,我学习太差,妈妈很难过的。妈妈说她多苦都没关系,只要我能好好学习,将来别像她这样卖鱼。""是我不好。妈妈每天好辛苦,冬天的时候,手都冻裂了还得给人捞鱼、刮膛,收拾干净。我却总是考不好……"这是小鱼常说的话。

孩子刚刚学习说话、产生行为的时候,我们常常会假装想吃他手里的食物,逗他把食物让给自己,以此来满足我们的幸福感;或者喊着好累好累,让孩子抡着小拳头为我们捶肩;或者假装哭泣,惹得孩子跟着难过,对我们各种哄。我们利用孩子对我们的爱及他们的善良做着有趣的"游戏",满足我们为人父母的成就感,也把这一招当作引导、教育孩子孝顺、感恩的好方法,沿用不止。等到他上了学,有了课业压力,我们又为他设立了成长目标,这一招便成

第一章 家长们的沟通模式与风格

了交换的筹码。我们每一次陈述自己的付出之后都会报出交易条件，成功地让孩子承认自己的"罪责"，进而懵懂地顺着"爱的陷阱"交出我们想要的"交易额"。我们不断地强化自己的牺牲与辛苦，以触动孩子的愧疚之心，发誓努力完成我们为他设定的任务目标。他们为得到父母的认可，始终带着负罪感而不计能力与后果地努力着。

> 任何一种爱都值得珍惜和维护，请不要随意消耗；任何感悟都经不起恶意耗费，否则，总有一天会让对方感到疲累和"爱"不起。

陶蓉直到50岁才想明白了一件事。她说一直觉得自己委委屈屈的，却说不清委屈在哪儿，在父母那里她总觉得愧疚难当，总有自己做得不够好之感，直到她体检查出了乳腺癌。

因为是乳腺癌早期，她没有做手术而是直接化疗，所以她并没有住院，每次化疗之后便在家休养，除了恶心难受几天，她表面看上去与常人无异。刚刚确诊时，全家人的确都惊慌了一阵儿，等医院诊断为早期不需要手术时，家人们都松了口气，虽然没有直接表示这"不叫事儿"，但看那些神情似乎她只是得了一次重感冒。第三次化疗之后，她开始了各种不适反应，恶心、呕吐，折磨得她筋疲力尽。正在这时，父亲打来电话，劈头盖脸地训了她一通，怪她十几天也不回去看看，并说她母亲近几天身体状况不好，很严重。父亲一向这样严肃，自小到大，她们姐妹几个对父亲都有一种恐惧和疏离感。她急忙给母亲打电话，母亲说只是前几

好好说话:不要让语言暴力毁掉孩子

年做结肠手术的刀口疼,似乎要感染溃烂。她建议去医院看看,母亲又不去,绕来绕去说了半天,最后才说想让她开车带他们去郊外转转。原来父母亲闲着无事,在朋友圈里看见好多人都去郊外挖野菜,便也想让儿女开车带他们去。他们首先就找到了她,理由是唯一的儿子要上班,大姐二姐三姐各自有事都走不开,只有她是闲人一个,她家里又有两辆车,理所应当是她去。她刚要说自己这几天做完化疗反应严重,母亲又用做错了事的语气说:"我们知道你也有病,本不想让你知道,也不想再劳烦你,这么多年一有事就找你,小邱(陶蓉丈夫)肯定也有意见。我们这把老骨头就这样了,阎王哪天招呼就哪天去了,就是你爸,非得给你打电话。你这病虽然没挨刀、没伤口,那也不能劳累呀!"

陶蓉立刻把要说的话咽了回去。面对母亲一向的"忍辱负重"和总是为自己着想,满口不想劳累自己这种生疏、客气的话,她不禁涌起阵阵愧疚——自己的痛苦实在不应该向父母诉说呀。这么想着,她强撑起身体,开车去接父母,带着他们去野外挖野菜。到了目的地,母亲像孩子一样欢快地寻着野菜,她勉强坐在一边看着,一直等到他们尽了兴才把他们送回去。按照以往的程序,她应该跟着上楼把野菜摘好洗干净,再一包一包分好姐姐和弟弟的那份,然后才能带着自己那份回家,可是她实在没有力气了,只把父母送到单元门口就回家卧床了。

到了家,母亲的电话跟过来,不仅问寒问暖,还叮嘱她喝补血剂、熬鲫鱼汤。听到母亲语气欢快,她终于长长舒了口气,负疚感消失了。

第一章　家长们的沟通模式与风格

五、多说"谢谢",慎说"对不起"

我曾告诉孩子要多说"谢谢",慎说"对不起"。我也曾接诊过一个女孩,刚上初一,就已有了自闭自残的倾向。

李可在初三的时候跟着妈妈来到我的咨询室。一开始,她很抵触我,因为她最大的心结就在妈妈那里,而对妈妈为她推荐的咨询师,她也先入为主地从心底排斥,但碍于父母的"淫威"(她自己这样称),不得不来走个过场。

李可的父母均是名牌大学毕业生,父亲是一家国企的负责人,母亲是政府部门的科级干部,无论从遗传基因上还是目前家庭的社会层次上来说,都属于优越的阶层,因此,李可妈妈对李可的要求格外高,自小到大对她有着极高的期望,当然也为她创造了极好的成长环境。李可幼儿园读的是高规模的双语幼儿园,小学、初中读的都是国际化学校。在同学中间,李可是各方面都优秀的学霸,英语流利到可以做临时翻译,钢琴过了九级,可以在大音乐厅表演,奥数得过全国奖,可即便这样,李可仍然不能得到父母的认可,一直不能达到父母的期望值。李可妈妈告诉她,她的人生里只有第一,不允许有第二。

小学时的李可一切顺利,到了初中就发生了变数。她有了强劲的对手,时而会出现被超越的现象。李可焦灼不安,李可妈妈更严阵以待,给李可请了更高水平的课外辅导老师,甚至动用自己职场上的人脉圈为李可请名师,通过各种运作为李可搭建更高的平台,李可逐渐进入魔鬼般的培训中。李可感觉很累,有时候麻木得不知

好好说话:不要让语言暴力毁掉孩子

道身在何处,不知道自己是谁,除了按部就班地完成母亲给报的各种培训,每天仅有的一点时间里,她便把自己关在屋内。为了不被打扰,她常常把门反锁,直直地躺在床上,享受短暂的大脑空白时光。后来她找到了出口,开始在网上写些文字。她喜欢世界末日的感觉,喜欢魔幻那种未知又神秘的世界,每当敲下文字,她便仿佛置身乌黑朦胧的世界里,轻得如同一缕烟或者一道光。那时候,她是最自由的,也是最自我的。

她不愿再与任何人交流,更不可能对任何人敞开心扉,因此,她被定性为自闭了。有时候,她提醒、告诫自己还是一个普普通通的人,还有许多任务没有完成,还无法达到父母的愿望,她认为自己是一个辜负了父母辛苦付出的不合格的子女。面对父母给予自己的一切远远优越于常人的条件,她羞愧难当,觉得自己一生也无法偿还父母的付出。她时时刻刻以自伤的方式提醒自己是个欠债的人,欠了父母巨大的债。

当母亲知道李可因写网络小说而荒废了学习时,更加坐卧不安。在她的认知里,网络小说都是不入流的通俗文字,退一万步说,李可如果想当作家,也应该写《人生》《大国崛起》这样高大上的作品才对。她对李可的问题感到无能为力,因此想到了心理咨询。

一开始,李可拒绝开口,等到母亲叙述了她的

> 爱子女是为人父母的本能,给予是抚养的手段。物质给予,能力强者给予得多,能力弱者给予得少。在养育子女的过程中,给予不仅仅在物质方面,更重要的是关爱,关爱他们的生理成长需求,更关爱他们的心理需求。那种给予了物质便要求得到回报的行为不叫养育,叫交易,那是一种浅薄的交易,是对爱的亵渎。

第一章　家长们的沟通模式与风格

"病况"之后，她始终低着头不看任何人，她害怕与我们的目光交汇，只是一味地对着母亲道歉，不停地说"对不起"，然而，李可母亲仍然觉得她是在应付，并不诚恳。

李可对其父母说的应该是"谢谢"，而不是"对不起"。"对不起"是心中有愧，可何为有愧？是明明能做到却没有做或者没做到，是能为而不为，所以有愧；而"谢谢"是明了对方的好、承受了对方的好，表示感恩之情。如果联系本义，说了"谢谢"便有不再继续接受送来的好的意思，而不是想得到更多。

李可父母的优越条件使得李可自小便有着超于同龄人的成长环境，这良好的环境是优秀的父母为她创造的，表达"感谢"无任何争议。她接受了、使用了，所以要表达感谢，但她不必有任何愧疚之感。因为成长中的她不能给出任何承诺，会做到什么程度，她自己也不清楚，抛开之前父母是否就他们的期望与她达成协议，双方一致将此作为目标，从而实施好父母制定的计划及方案，单就她只为父母定下的目标而努力的话，也难保证一定达成。因此，没有什么"对不起"之说。

说"对不起"，意味着她欠了父母一个成功；说"对不起"，意味着她原本拥有却不肯拿出来满足对方；说"对不起"，意味着她欠了对方而不能如数偿还。而父母对她的期望只是一个单方面所立的未曾签过字的约定，于她而言，何来"对不起"？

第二节 坏的沟通：沟而不通

相比假沟通的安静，坏的沟通则充满了火药味。坏的沟通是伴随着孩子自我意识的觉醒而出现的。随着心理的成长，孩子开始有了独自的思考，有了自己的想法，通常，孩子对于自己的想法表达有下面几个进阶过程：

提出疑问。当孩子开始思考时，不再是成人说什么就做什么，而是不断地提问"为什么"，这时候无论成人如何回答，孩子都不会再深入追究。

独自思考，得出不同的答案。随着年龄的增长和对世界的认识、观察的积累，孩子开始对事情或问题进行独立思考，并得出不同的答案，而对于答案的处理，或是说出来，或是保留。这个阶段，无论说出来得到成人怎样的回馈，孩子都不会硬碰硬地坚持。

当即指出成人的错误，表达自己的观点。随着思维逻辑的完善，在经过第二阶段试表达的过程，一次次由经验证明，确信自己的观点与想法后，孩子会立即表达自己的想法。说出的结果，成人或者会认可，或者允许保留，或者直接驳回。

观点交流。随着孩子的年龄继续增长、认知继续增加，他们学会了论证，会试着为自己的想法和观点寻找论据，除了要表达得让对方知晓外，还试图说服对方，让对方接受并采用。这时候的沟通情境有三种：探讨—达成共识，彼此否定—激烈争执——一方妥协，彼此拒绝—不欢而散。

现实生活中，有太多家长认为自己非常"爱"孩子，殊不知，

第一章 家长们的沟通模式与风格

他们是以爱之名为孩子束上了枷锁。爱是什么？从爱字的演变过程来看，甲骨文中的爱字是一个人手捧着心、双腿微曲、张嘴诉说的图画，而演变到楷体的繁体爱字，中间也有个心字，可见，爱是与心有关的。现代词典里对爱的解读是：对人或事物有深挚的感情和喜欢、保护、吝惜之意。那么家长对孩子的爱是哪个解释呢？不妨一一连线试试：

妈妈爱你——对你有深挚的感情；

妈妈爱你——爱你是妈妈的喜好；

妈妈爱你——爱你的频率如同爱吃美食；

妈妈爱你——重视而加以保护你；

妈妈爱你——这辈子有缘成为母子不容易，吝惜你如同吝惜金钱。

上述哪个是正解？粗略来看似乎都说得通，而其中最正确的应该是"重视而加以保护"，这里包含着责任、义务以及由爱生发出的爱的行动。抛开这一解释，其他四种都有可能随机变成一种工具或者一种道具。

以爱之名，实质上是诱导、迫使、说服对方来交换自己想要的东西。

深挚的感情付出了就希求得到回应或者回报；一种喜好之所以是喜好，是因为能够从中得到或物质或精神或情感的回报；爱一个人，也可以爱买东西、爱发脾气；吝惜金钱是因为金钱能满足对物质需求的欲望，吝惜孩子的时候，又期望孩子成为一项储备基金，总有一天实现最大的交换价值。一句"为了你好"，就是不动声色地把自己的意愿毫无保留地植给对方。

好好说话：不要让语言暴力毁掉孩子

一、冷置法，闭门反省

当无法说服对方、争执不下时，成年人常常会端起长辈的架子来个冷处理。

反思、面壁思过、罚站是家长们常用的比较文明的惩罚方式。程序通常是：就孩子所犯的错进行分析，指出错误所在，解读错误的后果；将完这一系列脉络之后，给孩子一个总结、反思的时间与空间，于是，或墙角，或自己的小屋，或门外方圆一米之内，画定圈圈，让孩子在那里面壁思过。那么，这种让孩子自己反省的效果如何呢？我们来看几个画面：

小天每次将玩具箱子倒空的时候都会收到妈妈的命令："记得玩完了收起来。"对于小天来说，一旦玩起来是没有结束的，何时结束取决于另一件必须中断玩玩具的事情出现。而当另一件事出现后，比如妈妈喊他去吃饭，妈妈要带他出门，小天就会扔掉手里的玩具立刻跟过去。于是，每天小天都会忽略收玩具这件事。一天又一天，一次又一次，小天"屡教不改"，终于有一天妈妈不耐烦了，把他拎出去扔到门后，对他进行孤立罚站，并让他反省。

小天站在门外，侧耳听着屋里的动静，妈妈似乎在收玩具，一会儿就没了声音。小天望望房顶的灯，又盯着门对面的电梯显示器看，那数字一会儿停在10，一会儿停在6，红箭头一会儿向上一会儿向下，他跟着想：有人上去了，几楼呢？噢，8楼。箭头向下了，下面的楼层有人要用电梯，数字一路向下，到3停下了，有人进了电梯，电梯动了，一直到–2，噢，这人去地下车库准备开车了。下一

第一章　家长们的沟通模式与风格

个人是几楼呢？小天在内心跟自己玩起了猜赌的游戏。他猜想这回电梯里的人是到6楼的，可是7、8、9……12，电梯一气到了12楼才停下，唉，没猜对。箭头转为向下，小天又开始猜了：是1楼有人按电梯还是3楼有人按电梯？不一会儿，电梯停在了3楼。猜对啦！小天不由得惊喜地蹦起来，大声尖叫："耶——"

嘭的一声，妈妈打开了门，见到小天眉飞色舞的样子，立刻两眼一瞪："叫你反省，你干啥呢？还高兴成这样？你有心没心？！"说着，没好气地扯了一把，把小天用力贴在墙上，"紧贴着墙站好，加半小时！"这回小天不敢动也不敢喊，恐惧而委屈地看着妈妈转身回屋，嘭的一声把门关上。这回小天开始数数，半小时是30分钟，每分钟60秒就是60个数，那么，数30个60就可以回屋了。

总之，不管面壁多久，小天总有不由自主的想法，总会发现好玩的事，而这些事都与收玩具无关。收玩具的事情随着玩玩具的结束早就结束了。

> 游戏力是孩子与生俱来的能力，他们总能被新的游戏吸引，如果把任务以游戏的方式呈现，问题就很容易解决了。所以，不妨把收玩具变成一种游戏的一部分，看看结果会是什么样。

冷置法宣告失败。收玩具这件事一直没得到小天的重视，原因是什么？是妈妈没有为他讲解收玩具的意义。"玩完了把玩具收起来！"这只是命令，如果妈妈说"自己的事情自己做，玩完了把玩具收起来"，小天的反应肯定不一样。

好好说话：不要让语言暴力毁掉孩子

思哲的家在一个大院里，大院里住着二十几户人家，都是父亲研究所的同事。而院子里的孩子也都是研究所职工的子女，跟思哲年龄不相上下的就有十几个。他们从小一块儿上幼儿园，一块儿上子弟小学，一块儿上初中，等到考高中的时候就各奔东西了，有的考上了重点高中，有的考上了特色高中，有的去了职业中学，有的留在最近的普通高中。在大人眼里，这时候，这一代人的差距已经显而易见了。思哲的成绩不好，只能去职业中学学习汽车修理技术，将来极有可能成为一名修车工，如果混好了也只是开上一家修车店，却始终无法摆脱被同龄人取笑的身份。而从小到大，他都是同龄人取乐的道具，根本原因就是他自小总是被父亲圈在院子里的一棵老槐树下反思。

院子里的老槐树根深叶茂，树龄近百年，在许多孩子的脑海中留下了欢喜的童年记忆。而对于思哲来说，老槐树是他一生的心理阴影，圈禁了他的童年记忆。"去老槐树下反省！"父亲这句冰冷的话像一句咒语，一旦念起，思哲便被一个圈子圈在老槐树下受罚。从小时候淘气打碎了水杯，到幼儿园时不会背规定的单词，再到小学时考试成绩没上90分，初中时学校排名没进前100名，中考时没上了普通高中分数线……总之，一旦有错，他就被父亲驱使到老槐树下，谨守父亲画定的以老槐树为圆心一米之内的范围反思。

> 我们通常所说的面壁思过、反省、反思，是在一个安静的、不被打扰的地方独自思考。而思哲父亲将他置于众人皆可见的公众场合，这不是反省，这是示众。杀人不过诛心，这种让孩子经受众人嘲讽、蔑视和羞辱的方式，不是给他反省的机会，而是杀死他的自尊心。

第一章　家长们的沟通模式与风格

第一次被罚站反思时，小伙伴们不知道他站在树下干什么，来拉他玩，他急忙后退，死死抱住树干，告诉伙伴父亲不允许他走出一米的圈圈。后来伙伴们知道了这个规定，就各种逗弄他，或者带着好吃的引诱他，或者朝他身上扔球砸他，或者搞恶作剧抓来毛毛虫往他身上放……他因为要严守父亲"不准跨出一米范围"的命令只能练忍功。

等到初中时，对他的嘲笑已经不限于小伙伴了，院子里的大人有时候也会说一句："思哲这又是没考好呗！""这孩子智商一点也没遗传他爹！""优秀的爹生出劣质的儿子！""这院里的孩子就数他没出息！"……

慢慢地，他习惯了这些标签，每每面对自己的失败都坦然接受：我是最差的，这些都是意料之中的结果。

"我是最差的。"这一认知根植在思哲的心中，导致他不想去挑战，不想去尝试，到最后，他对人生变得麻木，看上去比较佛系，实际上是自己放弃了自己。他用别人的嘲笑、鄙夷为自己编了一个笼子，然后钻在里面浑浑噩噩，活成了一具躯壳。

二、冷嘲热讽，极尽"毒舌"

有许多成年人文字功底差，平日里写个工作总结都是一副"便秘"状，可嘲讽、辱骂起自己的孩子却文采飞扬、滔滔不绝，因为他最了解孩子的软肋。真是打蛇打七寸，杀人不过诛心。

我们可能也见过这样一些孩子，本是花季儿童，眼神却黯淡无光，一副死气沉沉的样子。当然，也有可能是因为生活节奏快，或

好好说话：不要让语言暴力毁掉孩子

者家长过于关注孩子的名次、成绩，忽略了他的眼神。未经世事的孩子们，眼睛本应该是清澈的、明亮的、里面有星星的，可是现实生活中有太多孩子的形象是这样的：背着重重的书包，后背不得不前倾，久而久之，腰杆有点弯，戴着黑框的学生眼镜，迈着沉重的步子前行。因为低着头，很少有人能正视到他的眼睛。那眼神是什么样的？光亮又是什么时候暗下去的？我们无从知晓。

我的孩子也曾经是这样。仅仅两年时间，他就由五个淘气鬼之一变成了"佛系的小老头"，到他五年级时我们再通电话，问他在做什么，只有一个回答："待着。"

三年级之前他在市里一所小学读书，因为学前班时爱玩爱动，被老师们称为五个淘气鬼之一，但老师们并没有因为他的淘气而有所微词，反而对他主动带着小锤子修理班级桌椅的行为在家长会上当众点名表扬，校园艺术节上也把技巧性高的运动安排给他。可是三年级时，我和他爸爸都到北京打拼，不得不暂时让他转学去了旗县的小学，寄住在爷爷奶奶家。

在市里小学时，他的学习成绩只是中等，但我从未因为成绩不好而对他施过压，也从不会在考试一结束就问他考得如何，等结果出来后，考好了会赞美，考得不好也会宽慰他，给他拥抱。但实际上，许多家长都有一种急切心，恨不得孩子当堂考当堂就出成绩。他到了奶奶家后，并未意识到分数是多么敏感的话题，开始爷爷奶奶问他考得如何时，他有些发蒙，不知如何回答，只好答："还好。"奶奶继续追问："还好是什么？到底考啥样？"他只好诚实地答："不知道，反正都做上了。"奶奶这才舒口气，暂时放过他。

等到成绩出来，只是一般般，奶奶大怒："你不是说都做上了

第一章 家长们的沟通模式与风格

吗？就考这几分？小小年纪就学会撒谎吹牛了！"

孩子莫名其妙：我的确都做上了，但是做对做错就不知道了呀。

再考试，奶奶仍然问，孩子仍然答"都做上了"，而奶奶不再等到分数公布，孩子话音一落便一声嗤笑："吹牛吧！"久而久之，孩子有了一个不光彩的标签：吹牛！尤其是有一回和得了双百的堂妹做过对比之后，在每次考完试的前后几天，孩子连吃水果都觉得是犯罪了。而堂妹在爷爷奶奶这种捧高踩低的态度里，越发刻苦爱学习，成绩也一直在班里名列前茅。身为从事关心下一代工作的公职人员，爷爷每每走出去都会听到人们对孙女的夸赞和恭维，着实有面子，反观孙子，只会给他丢脸，让他在人前尴尬。再后来，奶奶再问成绩，孩子就闭口不答了。可是，即便他什么都不说，还是免不了被嘲讽一通："吹牛！""啥也不是！""丢人现眼！"说话是撒谎吹牛，不说话就是没牛可吹了。因为小小的成绩事件，爷爷奶奶的耐心迅速消逝，看他的眼神是嫌弃的、恨铁不成钢的，祖孙间温馨的谈心不再有，针对儿童成长的营养饮食不再有，不再倾听他的童言童语，每每听到他的声音，多用"嗤——"这个语气词回复，有时候"嗤"一下结束，有时候"嗤"后再加几句诛心语。

> 有些家长"机智围堵"，为了让孩子承认他们为他扣上的大帽子，语言逻辑能力堪比金牌律师，至于这个标签是否准确、是否实事求是，他们根本不去考虑。

这种先入为主的认知导致在爷爷奶奶眼里，他做什么都是无足轻重的，甚至是错的。转学第一

好好说话：不要让语言暴力毁掉孩子

年，他像在市里小学那样，积极参加班级活动，运动会时报了长跑项目，并取得了名次，得了一块蓝色毛巾的奖品。当他把奖品拿回去，奶奶向他索要，他说准备留着给妈妈，奶奶甚是气愤伤心，继而又是一通冷嘲热讽："啥破玩意儿，谁稀罕！就这破毛巾起球掉毛，给我当擦脚布我都不用。"孩子郁闷至极，悄悄回到自己屋里，把毛巾小心翼翼地放起来，连饭也没心情吃。等到我休假回去，他把毛巾给了我，我当然是珍重地叠起来，欣喜地收起来。可是，这迟来的夸赞已经无法治愈奶奶那恶言冷语造成的伤害，从那以后，他再也没参加过任何班级活动，直到高三那年，因为高考压力巨大，他鼓起勇气报了长跑项目，以最后一名跑到终点，他说他就是想摸摸自己对于失败的承受底线。

我的孩子内心善良，易动情，很小的时候，我为他讲根据丑小鸭改编的故事《小灰鸭找妈妈》，他没听完就哭了："不行，不要让小灰鸭找不到妈妈。"我写《侠义狗兰迪》这个童话时，最初是写一只被养狗人抛弃而成为流浪狗的小狗兰迪，本义是引导他明白如果养小动物一定要有始有终，可是他听后突然大哭起来："兰迪太可怜了，不要抛弃他。"于是我便把故事改成兰迪其实是意外走失的警犬，经历了一系列事情后，它终于找到了自己的伙伴，回归警队，再次成了屡次立功的警犬。

在市里小学时，我的孩子关心班集体的一桌一椅、乐于助人，被老师表扬，同学们选举他为道德榜样。转学后他依然如此，四年级时，班里有名同学摔坏了腿，很长一段时间都打着石膏上学，行动不便。未经任何人吩咐，我的孩子主动担负起照顾那名同学的职责，早上绕过一条街去接那位同学，护送他去学校，放学护送他回去后再绕道回家。后来学校知道了他的行为，为他颁发了一张乐于

第一章　家长们的沟通模式与风格

助人的奖状。他欣喜地拿回家呈给爷爷奶奶看，殷切地望着两位老人，等着他们的一句认可，毕竟这奖状是学校发的，可以说是官方奖励，他相信爷爷奶奶总该给句赞美或者给个笑脸了。然而，奶奶瞟了一眼奖状就随手把它抛在桌上："净干些没用的，谁让你天天送他的？净扯这些没用的事耽误学习，把你那成绩好好整整啥都有了，帮助同学能给你加分还是咋地？！"

　　坐在稍远一点的沙发上的爷爷表情不明，奶奶说完这些话，爷爷什么也没说，端起水杯回卧室看报纸去了。实际上，孩子那时候是在寻找爷爷的眼神，即便是奶奶当家的家里，爷爷也应该给个鼓励、赞赏的眼神吧？但是，他什么信息也没收到。爷爷压根没让他看见眼睛，或者是官场待久了的他把情绪掩藏得太好了，孩子从他的眼神里根本看不出任何答案。

　　因为孩子学习成绩不好，后来的家长会，两位老人都不去了，有一次奶奶在电话里说漏了嘴："太丢人了，没法去开家长会，太给你爸丢人了！"在这样的环境里，孩子藏了许多心里话，每天就等着我的电话到了跟我诉说，好事坏事、自己的想法、班里的趣事都想告诉我，然而，奶奶总是以"没什么正经事，别浪费电话费"为由不允许他拨电话过来，而我打过去电话，她告完状（多是孩子不爱吃饭，不听话，不好好写作业，学习不好）之后，只

> 在嘲讽打击下长大的孩子要么自卑、怯懦，要么暴躁、攻击性强。他们不敢冒险和尝试，遇事首先想到的是向后缩，缺乏独立思考、创新能力和探索精神，缺乏责任担当意识。

好好说话:不要让语言暴力毁掉孩子

让孩子回答我的前两句问话"干什么呢""作业写完了吗",孩子回答完"待着""写完了",她就喊着挂掉电话。她不愿意听孩子说那些"没用"的废话,更担心孩子在讲述生活琐事时,无意中透露出他们的恶劣态度。

无处诉说心事的孩子越来越自闭,大多数时候都是躲在自己的卧室里鼓捣小玩具,或者干脆躺在床上发呆。他没有说话的资格,更没有说出自己任何想法的资格,与妈妈的唯一联系——每晚的电话也被掐断,年仅12岁的孩子,心灵之花枯萎了。

嘲讽、打击、轻蔑语言的伤害多久才能治愈?从我孩子的成长轨迹来说,尽管我在他小学毕业后辞职陪伴了他六年中学,助他顺利度过了青春期,一直努力为他找回丢失的自信,一点一点消除他的自卑,最终以不错的成绩考取了大学,甚至现在读研了,但他身上的朝气、活力相对这个年龄孩子的正常状态来说仍有欠缺——高考结束填报志愿时他不敢挑战更好的学校,宁愿高出几十分报一所有完全把握的学校。考研时也是同样,不敢去挑战实力更强的院校,没有明显的富富有余的胜券,他绝不会去冒险,因为他害怕失败后"吹牛、撒谎"这样的嘲讽。童年时经历过的心理伤害,多年过去,仍不能完全治愈。

有一种病态心理叫习得性无助下的自暴自弃。长期生活在讽刺、打击环境下的孩子,会把失败归因为自己天生无能,他们会坚定不移地认定能力是天生的、固定的、不可改变的,而不是通过努力可以提高的。即便有时候取得了好成绩,他们也不认为是自己能力所致,而归功于运气,或者题目简单。每当面对有难度的任务

第一章　家长们的沟通模式与风格

时，他们会产生不能控制的焦虑或自卑感，不愿意尝试而尽快选择放弃。这种认为成功并不代表自己的能力，努力也改变不了什么的态度称作"习得性无助"，时间久了，这类孩子就会完全失去自信。他们缺乏自我调节技能，缺乏有效的学习策略，遇到困难轻易退却，并有强大的借口：我能力如此。甚至会以"顺其自然""一切自有天意"这样的话来安慰自己，敷衍别人的期许。再加上外界的影响，比如家里人的态度影响，使他们的无助感和坏成绩互相强化，成为一种恶性循环，导致走不出来。不断的否定评价，会让孩子慢慢相信这消极的评价，他们便不再努力，并用实际行动来"证实"家长观点的"正确性"。这种由权威人物，比如家长、教师，对孩子不成功行为的强化而习得的归因方式，称作"习得性无助"自我放弃。

三、步步挖坑，信任崩塌

当沟通一次次陷入僵局、无法进行时，有的家长动用武力迫使孩子闭嘴屈从，有的家长看似智慧许多，会谋略布局，上演连环计，一步步"诱敌深入"。

许多优秀孩子的家长丝毫不认为自己的孩子心理有问题，他们将孩子成绩优秀归功于孩子的努力、天赋、健康的心理，以及自己成功的循循善诱。他们普遍认为自己是懂教育的，而且很成功，孩子学习成绩拔尖就是最有力的证明。

曾经有一位重点高中火箭班（重点班）的学生轩轩私自约我咨询。

开始是孩子的妈妈找到我。那时我刚在一所重点中学的家长会上讲完课不久，意外遇见了这个妈妈。她说在家长会上听完我的讲

好好说话:不要让语言暴力毁掉孩子

座后,回到家跟孩子谈话,突然发现臭小子油盐不进了。而在上高中之前,母子俩的沟通一向不错,基本上她要求的事孩子都能乖乖去做,所以孩子才能以高分考入火箭班。

"贾老师,你不是讲了吗?可以协助他制定计划,监督鼓励他按计划去执行,至于学习内容就不必胡乱介入了,毕竟现在的课程深度与广度都与我们当年不一样,尤其是理科类的知识,解法、角度都有了不同方向的拓展。我回去就给他制定了计划,可他不同意,我说那你想怎么做,跟我说说,结果他让我别指手画脚瞎指挥。"

"是不是他已经有计划了?"我问。

"我也问了。我寻思他要是有了计划,我可以帮他完善完善。"

"是完善完善吗?还是想把他的计划完全否定,强制他用你的计划?"在我追问之下,她不好意思地咧嘴一笑,继而又很气愤,"这臭小子,想摆脱我。一直以来,他的生活、学习计划都是我一手安排的,他懂啥?眼看着高二了,这么关键的时刻,可容不得他自己去尝试。像你说的,应该把长远计划划分成无数个短期计划,然后按一个一个小计划去完成。可是你想,要是他的计划不成熟,这一个小计划可就把一周半个月白白浪费了。火箭班的进度那么紧密,可以说是按小时效率计算,这一周出了偏差,可就没有纠正的机会了;一次掉队,就会越掉越远。"

"你怎么断定他的计划不成熟?"

"咳,想也不用想,他会制定啥计划?一个孩子哪有咱们眼光长远?平时跟他说将来,他根本理解不了。贾老师,我真的想尽办法了,软硬兼施的,可这小子现在软硬不吃啦!"

"你怎么诱敌深入了?"我开了句玩笑。有许多家长就是这样,他们义愤填膺地述说着与孩子的谈判交锋,讲述着他们绞尽脑汁用

第一章　家长们的沟通模式与风格

上的三十六计，那副认真劲让听的人特别想笑。有许多时候，我们在情绪或者执念支配下的行为非常幼稚可笑，甚至像未经彩排的闹剧。

"开始吧，我把我的计划给他，他看也不看就让我拿走，说他自有计划。我要看他的计划，他又不给我，我怎么套问也问不出来。你说，这是什么机密吗，难道我能害他？我做了他爱吃的红烧排骨，想着在饭桌上让他听听我的计划，可这小子，一直把半盆排骨吃光也一言不发，还跟我说'食不语睡不语'。第二天，我郑重地说要跟他谈谈，时间紧迫，不能再给他犯错的机会，必须掐死在胚胎中。我帮他从幼儿园开始捋，一件一件事，让他明白我的计划是多么重要，总是正确的。我说得口干舌燥，他只来了一句：'你还不是为了到处晒娃？'还告诫我以后再也不要乱发朋友圈，尤其是与他有关的事！"

这位妈妈有没有错？在许多家长中，她算是比较懂得引导教育的了，但仍然没有把握好度，有些过度支配了。初中以前，孩子的思维逻辑还不是太成熟，即使有自己的想法，也没办法向别人证明它的可行性和先进性，甚至自我性。到了高中，从生理年龄以及人生阅历来说，孩子正由青春期向青年期过渡，这时候，他们的心理上除了追问人生三问，探寻属于他自己个性特征的人生出口外，更多了对于担当与责任的初步尝试。他们从一个想法生成到完善，会附加上对于后果的预测，会考虑到最好的与最坏的结果，并为实现目标付诸一系列行动，甚至挑战自己的承受极限。而这时候，他们对一向熟得不能再熟的父母的做法会提出质疑，摒弃或者进化一部分可取之处。因此，他们杜绝其他人横加参与自己的规划，不希望

好好说话：不要让语言暴力毁掉孩子

规划被打乱。尤其像轩妈这样的美食、谈心等各种套路，最终目的无非是想否定孩子的自主行为，再加上轩妈的高调晒娃行为，不得不让孩子怀疑家长们打着"为你好""爱你"的旗号做的一切事情，都是把孩子当成了满足自己虚荣心的工具人。

在与青春期孩子谈心时，有时候家长们不得不提前制定谈话策略，而步步挖坑、层层套路是常用的方法，因为在直接命令遭到拒绝、提出建议受到排斥、面对青春期孩子有力的反驳无计可施时，"动之以情"是少有的有效的方法。

我的孩子在高中时暗暗欣赏过同班一位女生，他说他的好友也欣赏那女生，而且似乎向女生表白了。后来，这事情不知道怎么被老师知道了。估计老师之前跟他的朋友谈过心，没有收到预期的效果，就把他也请到办公室，几个老师轮番轰炸。对话是这样的：

"老师们关心你们的情感是为了你们好，毕竟我们是过来人嘛，可以给你们中肯的建议。你觉得对吗？"

孩子点头承认，并表达了感恩之情。

老师们突然语气严肃起来："听说你谈恋爱了？那女生是谁？"

孩子早有心理防备，面对老师们的突然袭击不慌不忙："我没有，我只是欣赏班里的同学，班里比我优秀的同学我都欣赏。"

老师的语气又软下来："你不要紧张，你只要知道老师们的初衷，一切都是为了你好。听说你的好朋友谈恋爱了，你知道吗？"

孩子答："这个我真不知道。我们只是在一起玩球、吃饭，其他私事互不干预。"

"你不要以为替他隐瞒是朋友义气，一定要把你知道的都坦诚告诉老师，好让老师合理地帮他去处理，别影响了学习。"

第一章　家长们的沟通模式与风格

"我真不知道。我们平时学习时间那么紧,除了一块儿玩球、吃垃圾食品,几乎没时间聊其他的事。"

老师们见什么也问不出来,便私下联系我,问我知道这事不,我说知道他欣赏班里一个女生,但仅限于欣赏。老师们又问我那女生的名字,我拒绝透露,因为我害怕他们去找那女生谈心,对女生造成困扰,毕竟在恋爱这件事上,女孩子更敏感。

孩子之所以对老师们的盘问有所防备,是因为在早恋这件事上,学生们大多不会信任老师和学校,因为许多例子证明了他们处理得很糟。有的学生谈恋爱原本在地下进行,结果家长、学校、老师一介入,成了公开事件,弄得当事人措手不及。作为有过恋爱经历的成年人,我们都知道,从认识到欣赏到喜欢到爱是感情潜移默化发展的一个过程,何时确认关系、何时对外公布都要顺其自然、水到渠成,而对于高中生来说,学习任务的紧迫、高考的压力以及大大小小考试、排名都会干扰感情的发展进度,不到公开的时候被意外公开了,不可避免地会造成当事人心理混乱,进而引发不良情绪和不理智行为的产生。基于失败的处理经验,孩子们对老师和学校不再完全信任与依赖,心思缜密的孩子自然而然有了一套防守策略。

有一种效应叫逆暗示。比如孩子们站队时,为让队形整齐,老师要喊"向右看齐",听到口令后,孩子们自然而然地把头向右一转。如果这时老师喊一句"不准向左看",估计有一半以上的孩子会不约而同看向左方。这就是孩子们越不让做越做的原因。命令"不准看,不准做",一次两次他们会乖乖地听,那是因为大人不让;可

好好说话：不要让语言暴力毁掉孩子

是到了第三次，他们就会想：到底有什么？做了又会怎么样？于是他们就勇敢地看了、做了。他们把这当作冒险的经历。

　　有的逆暗示会起到激将法的作用，比如前面讲过的轩轩和他的妈妈。如果轩妈改用逆暗示，言辞激烈地否定孩子的计划，孩子有可能因受到刺激反而一鼓作气把自己的计划进行下去，并想方设法证明自己的正确性。这是基于轩轩这个孩子原本优秀，志在必得。如果他是一名平平淡淡、不断失败的孩子，那么他想表达自己的想法、按自己的意愿去完成一件事，恐怕难度更大，家长们可能连坑都懒得挖，一通棒杀，就掐死了成长的幼苗。而关于中学生早恋的问题就更复杂了。现在孩子们接收到的信息空前广，对两性的认知也要较父辈早很多。一旦有了恋爱的苗头，很多家长立刻会想到性甚至孕，即使觉得自己孩子比较晚熟的家长也会担心谈恋爱误了学习。结果，在孩子们感情不恰当的时间点介入，下了不恰当的结论，反而起了暗示的作用，正好引导了当事人去尝试。对于早恋，家长们最好开诚布公地去跟孩子们谈，即使他们懂得喜欢和爱了，不妨再恰到好处地为他们加一门感情课，教他们分辨欣赏、好奇、喜欢与爱的区别，教他们爱与尊严，教他们正确地自爱与爱人。

四、不欢而散

　　阿理父子都属虎，有人开玩笑说他们属相不合。从阿理13岁开始，父子俩说话就是争吵的模式，随着阿理"战斗力"的升级，不欢而散的结局越来越多，以至于阿理爸爸看阿理哪儿都不对。说话不对，恨不得封住他的口；走路不对，恨不得绑住他的腿；吃饭不对，恨不得一把掀了桌子；考试成绩更不用说了，考好了是瞎猫碰

第一章　家长们的沟通模式与风格

上了死耗子，考不好就是"要完蛋"的节奏。总之，阿理爸爸看儿子的眼神都变得犀利、嫌弃，有时候甚至有点等着看笑话的意味，只为了证明自己的言论是对的，好像巴不得儿子真的倒点大霉。

阿理爸爸开着一家公司，每天应酬很多，朋友人脉遍及各行各业，这是他最引以为豪的事。他总说人脉即财脉，他骄傲于自己的社交手段，也常常教阿理如何择友、交友，与朋友做到互利互惠最大化。

这天，阿理准备在校园艺术节上表演节目，就带着好朋友回家取演出道具，正巧阿理爸爸还没走。与阿理共同演出的同学叫至明，衣着朴素，脸上冒着青春痘，头发有些蓬乱，浑身上下透着普通百姓的气息。阿理爸爸见到阿理与至明亲密友好的神情，立时心下一沉，至明跟他打招呼，他只是冷冷地从喉咙里哼了一声算是回应。

晚上阿理回到家，因为他和至明的节目取得了不错的名次，他还沉浸在演出的兴奋中。

"今天跟你来的同学叫什么？"阿理爸爸冷着脸迎头便问。

阿理只瞟了一眼父亲的表情，就转移视线朝自己卧室走去，背对着父亲懒懒地回答："我朋友，叫至明。"

"朋友？他父母是做什么的？"

"不知道。"

"他学习如何？家里生活条件怎么样？"

"学习跟我差不多，生活条件一般。"说着，阿理嘭的一下关上了卧室门。他从父亲的语气和表情中已经预感到他那套结交理论又要开始了。

"你小子给我好好听着，"阿理爸爸冲过去把门推开，严厉地说，"学习跟你差不多，考个二本就不错了，估计没什么前途，将来

好好说话：不要让语言暴力毁掉孩子

成就也不会太大，那就没有多大结交价值。另外，他的家庭一般，社会关系也不会好到哪里去，还是少跟他走得太近。"

阿理摆弄着手机说："可他偏偏成了我最好的朋友。"似乎是在示威，阿理把"最好"两个字咬得特别重。

"物以类聚，人以群分，朋友圈子有多重要你不知道吗？你跟什么样的人在一起就会成为什么样的人，难道未来你就要跟底层人混在一起?!"

"跟什么样的人在一起就会成为什么样的人？你那堆朋友里有局长、有处长，你咋没弄个官儿当当？"阿理的语气里不无讽刺。

阿理爸爸一下子被刺激到了。他冲到阿理面前，与阿理对视着，两人之间只差一尺距离，那垂在身侧的手似乎随时都会大耳光招呼过去，但他还是控制住了冲动："朋友之间原本就是互利互惠的，除此之外，层次、平台都很重要，不同层次的朋友圈、不同的平台，资源会大大不同。"

"我不需要资源，我只要友情。我跟至明惺惺相惜，会成为一辈子的知己。山河不足重，重在遇知己！"阿理振振有词。

"那有屁用！班里那么多家庭背景好的、学习好的同学，你都可以去结交，至少从他们那里可以得到学习方法，建立人脉关系，为以后发展打基础！你无论如何都要跟这个至明断交，要是再让我看到

> 信念不同的沟通注定是无效沟通。有沟通的欲求，首先要找到趋同点，哪怕只是部分趋同，也是找到了沟通的入口。

第一章　家长们的沟通模式与风格

听到你与他形影不离，小心后果！"阿理爸爸觉得自己是鸡同鸭讲，血压瞬间升高了。

"学习好的那几个人奸得很，每天生怕别人偷他的学习秘诀，就他们那猥琐样，我才懒得理他们呢。那几个官二代更不值一提，是他们爹妈当官，又不是他们，瞧那德性，想结交我，我还得好好考虑考虑呢，让我巴结他们，做梦吧！"阿理不屑地说完，把游戏声调大，不想再听爸爸说教。

"瞧瞧，这就是差距！当你沉迷于游戏时，人家学霸在学习，在冲击各种国际竞赛，在为考上顶尖大学积累资本；人家官二代在学习为人处事之道，已经跟着父母参与到上流社会的交际圈了。就这一会儿工夫，你就被甩出十条街了！"

"甩就甩呗！我干吗要去别人的街上？在自己家门口待着就挺好！"

"呸，你这辈子也就这副德性了！"阿理爸爸用力摔门而去，胸口剧烈起伏，又一次被气得不轻。

"我就是我，不一样的烟火！"阿理也很生气，胸口起伏程度与父亲相同，但阵势一点不输。

我们用公式"7%内容+38%语音语调+55%肢体语言"来检测一下阿理父子的沟通。在他们的对话中，就内容而言毫无实质性，阿理爸爸一直在强调自己的人脉和认知，力求证明至明不可交。谈话之初他要求阿理与至明断交的命令遭到阿理干脆的拒绝后，他马上退而讲起自己的社会经验及交际理论。而阿理根本从一开始就是完全排斥父亲的任何建议。为什么？因为语音语调和肢体语言在谈话之前就传递出了信号，阿理从父亲的语气和表情中得到信号，于是立刻启动应战程序，快速整合出应对方案，这个方案就是"不听不听不听"。

第三节　真沟通：沟了，通了

好好说话与说好话是不同的概念。有时候，我们认为说好话、不起冲突不争执、一派和谐景象就是良好的沟通，其实这是一个很大的误区。我们沟通的真正目的是正视问题、解决问题，如果怕触对方"逆鳞"而一味说好话，怕对方不高兴、不接受、起冲突而假装和谐，那么问题不会真正得到解决，这不算是沟了、通了。好好说话是指好好地进行一次有效沟通，是以坦诚、真诚为基础，用一种双方都可接纳的方式与语言对问题进行分析、协商，以求最终解决问题。好的沟通大约有以下几种类型。

一、解惑答疑

网上有过这样一个段子，一个人在深更半夜被咆哮声惊醒，听见楼上的女人歇斯底里地大声吼叫："说！什么关系？"没有得到回应，女人的嗓音更加凄厉，还伴随着棍子或者尺子抽打的声音："快说，到底什么关系？"听者以为是八卦消息，瞬间兴趣大增、睡意全无，冲到窗边凝神静听，想获得第一手八卦信息去传播。许久，一个孩子弱弱的声音响起来："不知道，数学老师还没讲呢。"许多人把这个段子当笑话到处转发，只为与朋友分享乐趣，然而静下来想一想，这个咆哮的女人不正是你、我、他？不正是我们？

第一章　家长们的沟通模式与风格

自孩子入学，我们便多了一项工作：辅导作业，签字。开始时我们颇有耐心，因为一年级的学习内容简单，我们能应付。渐渐地，我们焦急于孩子不能举一反三，不能自己拓展思维、开动脑筋，于是直接给出答案让孩子照写，或者直接告诉孩子一道题的解题步骤……等孩子四五年级时，我们的耐心已经消耗得差不多了，吼叫越来越频繁，偶尔遇到有难度的知识点就会恼羞成怒，"笨""蠢""猪脑子""心没在肝上"这些辱骂越来越多，吼得孩子不明所以、无所适从。从直接讲答案到讲不出答案变成辱骂，整个过程中从来没有给予孩子解惑答疑、思维启发与引导。等到我们无力给出答案时，就开始责怪孩子自己不会思考，却从没想过是我们没有教过孩子思考方法。

我们都知道，好的教学是有方法的，好的教师总是遵循"传道授业解惑"的师之原则，从不会一上来就直接告诉学生答案，而是讲清楚一个规律、一个方法、一个知识的前因后果、来龙去脉，学生在学到思考方法、解决方法之后就会轻易解出类似的所有问题。

这是就孩子的学业辅导来说的，随着孩子心灵的成长，在人生、社会、情感等方方面面仍然需要我们的解惑答疑，尤其要帮助孩子树立正确的价值观。

我的孩子上小学时总在倒数十几名徘徊，又没有经过小升初的衔接准备，上初中我带他回户籍所在学区就读后，环境的陌生和生冷转换给他带来许多不适应。加之他小学基础较差，初中入学后许多科目都听不懂，常常每天晚上熬到11点多也做不完作业。我以往的生活规律因此受到了干扰，我试着跟他谈心："妈妈的生活规律是早起写作，晚上11点前入睡，这样才能不影响第二天的创作。希望

好好说话：不要让语言暴力毁掉孩子

你也遵守这一规律，毕竟写作是我们的生活来源。所以，只能是你配合我，不能让我迁就你。"他点头表示遵守，可是每天晚上仍然是到了时间还写不完。

开始我以为是因为他不专心、贪玩，为了让他吸取教训，有一天我强制性要求他到时间必须停止写作业、熄灯睡觉，他哭哭叽叽地说："明天早上要交呢。"我没理他。

我用一种简单、直接、粗暴的方式让他知道要为自己的错误习惯负责——就因为他写作业时边写边玩、拖拖拉拉，却要拉着我陪他晚睡，从而影响到我第二天的工作。拖拖拉拉不完成作业或者完成得不好，他就要面对老师的询问甚至训斥；而一直容忍他无限地拖延时间去完成作业，虽然避免了他去向老师交代的局面，但也间接地让陪同他的我分担了他的错误后果之责，一切的根源都在于他的拖拉。所以我把问题全部甩回给他，让他独自去面对。

接下来的几天，他一进家就写作业，动画片连提都顾不上提，更说不上看了，那些小制作、小发明也堆在墙边落了灰尘，可是，到了约定时间还是做不完作业。我看看手机，老师发来的作业并不多，可看看他那一半空白的试卷，我思考了一个问题：好几个小时过去了，就是一笔一画地描，也不至于只描了半张试卷，除非是不会做。

我知道他的基础差，所以不可能完全放手不问。我拿过试卷看着那几道没做出来的题，问他是不是不会做，他眼泪汪汪地点头。小学时寄住在爷爷奶奶家，他不敢说不会，也不敢问，因为一旦问了，爷爷奶奶不但不会帮忙解答，反而会无休止地取笑、嘲讽他。我试着做了两道题，并给他讲解，那天的作业总算完成了，虽然结束时已经快一点了，但是看着他终于有些释然的小脸，我不禁为自

第一章　家长们的沟通模式与风格

己的疏忽而愧疚。

分析了他是因为小学基础差、无法与初中知识衔接而导致上课听不懂、作业不会做，我决定每天晚上帮他答题、讲解、补课。但是这些知识对于我来说已经过去好多年，且现在的教学与我们小时候又有许多差别，有两次我把题做错了，他回来后给我看那试卷上的"×"，小眼神里写满不信任，但他又没办法，只能求教我，因为他自己更加不会。

接下来，我去书店买了与他课本同步的辅导教材，学会以后再帮他去完成作业。这样几回下来，我又觉得不可行：要是我把他的课程全部自学一遍再辅导他，就没有写作的时间了。于是，我跟他商议着比赛：我们同时学习，然后一起找相关题做，看谁做得对。几番下来，他对得多，我错得多（有几次我是故意做错的，这样可以降低他的依赖感，同时又激起他的好胜心）。从那以后，他就不再依赖我跟他一块学习、为他讲解了，遇到学校里没学懂的知识点，他就去翻辅导书自己补课，我也就从他的学习中彻底解脱了。

到期中考试时，他已经由最初的班级排名四十几名上升到了二十名左右，尤其是挑战数学难题的欲望极强，以至于在数学老师心里排到了前几名的位置。有时候遇到非考试范围的突破性难题，老师还会问他做出来没有，如果他没做出来，老师会说"既然你也没做出来，别的同学做出来的可能性就不大了"。老师的话给了他莫大的肯定与鼓励，他的自信心一点一点回归了。

解惑、答疑的前提是要弄清什么为"惑"、什么是"疑"，要通过分析找到问题的根源。有的时候，"疑"和"惑"是某个具体问题，有的时候只是一个规律、一种方法、一个事件。

好好说话:不要让语言暴力毁掉孩子

哲昕上高中不久就开始讨厌去学校,因为同学们都欺负他。具体情况是这样的:哲昕家原本在旗县的一个小镇上,为了让他能有个好的高中学习环境,他父母把家搬到了市里,并托朋友找关系把哲昕安排进了市里一所不错的高中。面对陌生的环境和陌生的同学,哲昕很想结交几个朋友来摆脱孤立的处境,于是,他时不时从为数不多的零花钱中挤出一些请同学们吃披萨、看电影,几次之后,同学们都习惯了他买单,不仅吃零食、看电影,有些同学去网吧玩游戏也要他给充值,甚至理直气壮地翻他的桌子、钱包,好像他的钱是公用的。而哲昕的家庭并不富有,父母来到市里租地方开了一家特产店,经营老家那边山里的特产,生意清淡少有生气,加上家里买房的贷款和租房的租金,压力很大,三口人的生活水准比起在老家时一落千丈。父母精打细算之余给哲昕的零花钱一再被同学压榨,哲昕不忍心跟父母说明真相,只能用逃学的方法躲避同学们的索要。

最开始,他的父母以为他是不适应新的环境还一再鼓励他,并拜托老师多多关照他。可老师们能做的无非就是多关注他的学习,比如课堂上多给他发言的机会,但上课之外的事就管不到了。终于,在哲昕一连几天没去学校之后,班主任通知了家长,经多番询问,哲昕说明了原因。班主任处罚了那几名压榨哲昕的学生,并将他调到了另外的宿舍。然而从这以后,哲昕更孤立了,因为他再请同学们一块儿吃零食,再没有人敢要了。

哲昕的父母当然希望哲昕能尽快适应学校、融入班集体、交到好朋友,但成人之间最简单的喝顿酒吃顿饭便能拉近感情的方法在

第一章　家长们的沟通模式与风格

学校却适得其反。我对哲昕一家三口讲：成人间这种为了互利互惠、合作愉快的吃喝交往，充其量只能算是短暂合作，根本算不上朋友。友情是一门复杂的学问，我找到曾仕强讲的《易经的智慧》视频中"亲比和谐"这一集给他们三人观看，让他们自己体会获得朋友的方法："君子周而不比，小人比而不周。"这里讲了"亲比"和"被亲比"两种与人和谐相处的方式。"亲比"别人，那么就要去靠近那些品格优秀、言行得体的人，这样才能从对方身上学到让自己进步的东西。如果想让别人来"亲比"你，就要在品格言行方面都力求优秀于他人。作为学生，如果品学兼优，自然而然会吸引同学们来靠近，所谓"花香蝶自来"便是这个道理。

之后，哲昕不再纠结交朋友的事，而是专心于学业以及学校的一些文娱活动，到高二的时候，他渐渐得到了几位同学的认可，有了自己的朋友圈。而这个朋友圈里的几个人没有让他请吃饭的，也没有跟他要钱的，他们一块儿学习一块儿运动，有时候也会躺在球场的草坪上谈谈各自的父母，聊聊想报考什么样的大学。

二、知心姐姐

苹果的妈妈因为苹果上网的事焦头烂额，后来听从其他家长的建议，也设了个游戏名叫小青虫，进入苹果的游戏里，竟然有了突破性的收获。以下是她讲述的整个经过：

小青虫请求苹果加为好友，苹果很快通过了。
苹果："嘿，你是哪个学校的？"
小青虫："三小，你呢？"

好好说话：不要让语言暴力毁掉孩子

苹果："我是四小三年级，你几年级了？"

小青虫："二年级。"

苹果："哈哈，二年级的小豆包啊，怪不得你的精灵才18级呢。你得好好训练精灵哦，不然没法在星球探索的。"

小青虫："是哦，我才刚刚注册。你在哪儿上网啊？"（明知故问）

苹果："在家里。"

小青虫："你妈妈真好啊，竟然允许你玩游戏。"（自夸）

苹果："哪里好？是我爸爸给我买的，我妈妈才不允许呢。可是家里有大事时都要听爸爸的。"

小青虫（我气往上涌，急忙告诫自己淡定）："哇，你有个好爸爸啊。"

苹果："还好吧，我爸爸游戏玩得超棒，曾经有人用100块钱买他的号呢。"

小青虫："那算什么棒啊，才100块钱！"

苹果："就是棒嘛，你爸爸能玩游戏赚钱吗？哼，不理你了，我得抓紧时间训练我的精灵，妈妈只让我玩两节课。"

（我越想越生气，整天给他做饭洗衣、围着他团团转，结果竟然还不如他爸爸有位置。不让他玩电脑又不是为了我自己，还不是怕他得了网瘾，在网上遇到坏人影响学习吗？为了卧底大计，我强压住怒火）

> 所谓知心，是指了解别人的内心之想、之愿、之乐、之苦，这是顺利沟通、赢得信任的第一步。

第一章　家长们的沟通模式与风格

小青虫："这么说，你妈妈不好了？"

过了一会儿苹果才回复："也不是不好。妈妈很好，为我做很多事，虽然她有时候像狮子一样咆哮，可是她是最爱我的人。"

（我忽然有点感动）继续问："她不是不允许你玩电脑吗？"

苹果："也不是不让玩啦，只是不让我玩太长时间。其实我是因为没有朋友才玩电脑的。我们班有几个同学玩，他们在一起谈论的时候我什么都不懂，那个时候觉得自己好孤单，好像外星球来的一样。"

小青虫："哪儿有因为不会游戏就没有朋友的？"（这是第一次听苹果说心里话。我一直觉得他是那么渺小，渺小的他怎么会有思想呢？）

苹果："真的，当同学们都在说一件事时，我像傻子一样插不上嘴，他们就会无视我。"（被无视的感觉我也有过。在大学时，宿舍八个人，只有我一个人来自农村，其他七位都是城市的，她们有共同的谈论话题，明星、服装、大片……而这些都不是我的生活内容，我的生活内容是什么时候西瓜熟了，什么时候枣子熟了，什么时候家乡的河会涨水，夏天晚上在野外捕萤火虫学囊萤照书……那个时候我根本插不上嘴，我像空气一样存在于那个宿舍中）

"你可以跟你妈妈说啊。"（我差点控制不住自己，很想跑过去拥抱苹果。我一直以为他在学校有那么多同学会很开心地疯玩一天呢，没想到他在学校这么难过，回到家我还整天向他发泄不满。此时此刻我真的很想把他抱在怀里，让他把肚里的委屈和不开心倒得一干二净，我真的不希望我的孩子肚子里装着这么多不愉快辛苦地生活）

苹果："大人才不会理解小孩。他们只会说你现在多幸福啊，我

好好说话：不要让语言暴力毁掉孩子

小时候如何如何，你现在要什么有什么，还有什么不满的？有什么理由不好好学习、考满分？不好好学习，对得起这么好的生活吗？"（一模一样，一字不差，全是我平时反反复复对他说的话）

"你讨厌你妈妈吗？"（我的眼睛湿了。我清清楚楚地记得苹果曾经咬着牙说讨厌我，那一刻我的心都快碎了，因为我感到委屈。而现在，我非常非常希望苹果说讨厌妈妈，因为我也觉得我的行为、语言很讨厌）

苹果："不，我爱妈妈。为了我她把工作都辞了，她是一位很有名的记者呢。只是我现在考不到满分了，总是让她失望，我很难过。"（我已经看不清屏幕了，眼泪慢慢地流到嘴里，咸咸的。我做梦也没有想到，在家里说话越来越少、表情越来越单一的苹果，一个10岁的孩子，内心竟然这么懂事、成熟和宽容。对照之下，我是多么幼稚、无知甚至自私）

"小青虫，你爸爸妈妈吵架吗？"苹果又说话了。

"不吵架。"（我含混地回答，不知道苹果问话的用意）

"我爸爸妈妈总吵架，我很害怕，很难过。"（震惊。我只能用这两个字来形容自己看到这行字的感受）

"为什么爸爸妈妈不能像好朋友那样，每天开开心心的呢？我跟阿瓜就从来不吵架，我们在一起玩

> 好的倾听是不打断、不诱导，充分给对方说话的权利。

第一章 家长们的沟通模式与风格

得好开心。小青虫，你爸爸妈妈是好朋友吗？"（我一直没说话，苹果也不再说了。没想到第一天潜伏我就有了这么大的收获，我揪心于苹果的愿望。我们能不能不再吵架？我已经回忆不起来不吵架的生活是什么样的了，似乎从他爸爸玩游戏时开始，我就习惯性发火、争吵、吼叫、唇枪舌剑了。而且在一次次磨炼中，我的语言越来越丰富，越来越有攻击力，越来越一针见血，常常一句话就能让对方哑口无言。我觉得现在都可以申请做律师了，我有把握能辩倒对方。只是苹果……）

哪里还有心思玩？我关了电脑，悄悄走到苹果房门前。他背对着门，正在酣畅地收精灵、挖金矿，小小的身体嵌在宽大的椅子里，如同网上那个苹果进入了空旷的陌生星球。他在星球里探索着，四周危险重重，一不小心就会丢掉全部精灵，从头开始。而现实中的他，在这个广大无边的星球中探索着人生，同样危险重重。而本可以成为他坚强后盾的我们，却只顾自己的感觉和目标，把他一个人留在艰险中。

> 许多时候，是我们把事情想得太复杂，搞得太复杂。就像一个悬案，经由抽丝剥茧，答案可能简单得让人瞠目。

这里，我们还是用公式 "7%内容+38%语音语调+55%肢体语言" 来解读。网上沟通的特点就是我们看不到对方的神情，也听不到对方的语气，对于屏幕上的字，我们可以由着自己的理解、情感方向自行加注语气和神情，因此，同样的内容与面对面沟通的效果会完全不同。所以，我们可以像知心姐姐那样只做一个纯粹的倾听者，让对方说出心中的郁闷、疑惑、焦虑不安，释放出一切垃圾情绪。如果是线下沟通，那就收起套路、精明、算计和"直捣黄龙"的气势，用"懂你"的眼神示意，用简单的拥抱鼓励，这些行为才是诉说者希望得到的。

三、坦诚密友

朋友之间最基础的是什么？信任，坦诚。有时候，伴随着孩子的成长需求，我们要成为他的密友，与他坦诚相待，给予他充分的肯定与信任。下面是一个在网上看到的例子。

国庆长假期间，重庆的一个父亲刘涛接到片警打来的电话，说停放在他们小区的一辆奥迪车上有几处严重划痕。警方调取了监控，发现只有刘涛10岁的儿子小新近距离靠近过奥迪车，且有伸手触碰车的动作，奥迪车主因此认定划痕是小新所为。

刘涛当即赶往现场，并做了几件事：

第一，不管真相是什么，先把责任担下来，赔偿车主3500元，把儿子从当众羞辱和质疑中解救出来。

第二，和孩子沟通之后，刘涛选择相信小新没有划车。但他没有苦苦追问真相，而是用信赖包容危机中的儿子，给予孩子爱和安全感。

第三，刘涛找到民警，借助公权力，不怕麻烦，反复查找真相，让儿子在父爱和行动里觉得讨要公平的良方。

第四，事实证明划痕非小新所为后，刘涛没有把矛盾扩大化，去找奥迪车主算账，或者四处接受媒体采访，用儿子给自己赚流

第一章 家长们的沟通模式与风格

量。他给予了孩子充分的肯定:"谢谢你的诚实,爸爸为你骄傲。"

这位理智的父亲给予孩子充分的信任,并有条不紊地处理了事情。整个处理过程就是一次良好的身教课程,让孩子学会了得理地应对事情的方式。没有批评、指责甚至嫌弃,是因为刘涛知道在面对危机时,孩子需要的是理解、支持和正确的解决方法,所以他没有把自己的面子、经济损失放在第一位,而是把正确的引导教育与真正的心理关爱放在第一位。但在生活中,可能有更多家长面对这件事时首先是情绪作俑,只想到自己的面子和经济损失,生怕被人指责因为他们的教育失误,孩子才做出这种不文明、道德缺失的行为。他们很少把孩子此时的感受和需求放在第一位,只顾着急忙慌地做足人前教子这场戏。

昊阳上小学一年级时,有一次回到家就哭了,原来是因为没写名字,考试得了0分。起初妈妈觉得不是什么大事,很敷衍地安慰他说:"没关系,下次把名字写上就好了。"可昊阳还是哭,因为老师当着所有学生的面严厉地点了他的名,把他没写名字这件事当典型告诫所有同学要长记性,他觉得太丢脸了,课后也有同学嘲笑他。妈妈见他不能从难过中走出来,就叫他拿出试卷,看见卷面上没有一点老师评阅的痕迹。妈妈知道是老师一看到卷子上没写名字就没评卷子,就找来一支红笔一题一题地评,评完之后,她高兴地对昊阳说:"瞧,你竟然得了98分,只错了一个小题!"昊阳停下哭声,高兴了一下,马上又噘起嘴:"可是我没写名字,还是0分呀。"妈妈笑笑说:"可这个0分不是你的真实成绩呀,你真正的实力很强的。下次咱们一拿过卷子啥也不说,先方方正正地写上大名!"昊阳不哭了，点点头。妈妈继续说："你很厉害的，你要相信你自己。你知道吗？妈妈小时候也得过0分，不过可不是因为没写名字，而是真的一道题也没做对！"吴阳扑哧笑了："一道题也没对呀？那你上课都干啥了、学啥了？跟别人一样一天坐在教室里，别人都会做，为啥你不会呀？"吴阳把以前妈妈说他的话原封不动地还给了妈妈，妈妈半张着嘴说不出话，又发现了自己教育上的一个错误之处。算是意外收获吧，她暗暗告诫自己以后绝不说这样的话了。念头一转，她接着吴阳的话说："是呀是呀，但凡上课时好好听几分钟也不至于得0分。我那会儿上课总想着吃好东西、想着玩儿，总是溜号，根本听不到老师的话。现在说起来真是尴尬呀！"听了这话，吴阳完全释然了，神情中还有一点小傲骄，因为他知道了自己上课听讲的状态比妈妈好。

密友之密在于"懂你"。想让孩子对我们敞开心扉，我们就要回以"懂你"，懂"你"的优秀，懂"你"的难过，懂"你"的"野心"。

四、老铁同盟

同盟，便是彼此总是站在同样的立场。当意外事件发生时，手足无措的孩子最需要的是一个安全有力的支撑，所以我们一定要与孩子站在一边，做他的同盟、支持者或者后盾、靠山，而不是把孩子抛出去或者置之不理。

有一位同事毕业于师范大学，曾做过几年教师，后来辞职来到

第一章　家长们的沟通模式与风格

北京，辗转于图书公司做了一名编辑。我们都很诧异，毕竟在北方许多地方，因为稳定，行政事业单位还是就业首选，他能舍掉铁饭碗选择北漂，着实有些不可思议。

他讲了他辞职的经过：有一次上计算机课，一个学习好的学生丢了手机，指认同班一个差生所为。对方的班主任、计算机老师、教导主任三人把被指认的孩子叫到办公室严厉审讯，甚至因为"不认罪"打了孩子耳光。他得到消息后跑去对那个孩子说："如果不是你做的，死也不能承认；可如果是你做的，你就要实话实说告诉老师。"那孩子哇的一声就哭了："不是我做的。"他丝毫不怀疑孩子的话，于是回到计算机教室一通寻找，终于在抽屉夹缝里找到了遗忘在那儿的手机。他要求三位老师向学生道歉，结果那三位老师轻飘飘地说："找到就好，何必较真，反正就是一个差生！"他非常气愤，抓起书本对着那几个同事砸过去。他又去找校长要说法，校长为了息事宁人，呵呵呵地糊弄过去。

之后他又多次见过这种事，这与他在大学学到的教育理念完全背离，他不想做这样的教育，更不想在这样的教育环境里谋生存，于是辞职了。他到北京做了几年编辑后，那个曾被冤枉的学生考上了不错的大学，联系到他，对他说："您虽然不当老师了，但您永远都是我的老师，最好的老师。"

同事的故事里最触动人心的地方在于：他在面对一个可能犯错也可能清白的孩子时，选择了先和孩子站在一边，不偏袒，不糊弄应付，而是教导孩子勇敢地面对问题，有错认错，不错也不背锅。他用神情和简短的话告诉孩子：不论真相如何，我们都要去理智地处理。这个案例告诉我们一个真相：一个十几岁的孩子在遇到危机

好好说话：不要让语言暴力毁掉孩子

时，有人能与他站在一边、做他的同盟，是何其重要。但是在生活中，许多成年人为了证明自己是对的，选择和孩子针锋相对，甚至利用特权控制、打压他们，以让他们低头认罪为博弈目标。然而，这个年龄的孩子是不想被控制的，在实力悬殊、不能对等抗衡时，他们会选择远离，并以叛逆、挑战的形式寻找人生的引路者。他们看似独立，其实一直在寻找归属感，他们若得到了接纳、认可和温暖，就会在成人建设的田野里健康地成长。

现在的许多家长，在孩子报考学校的事情上闹得家里可谓鸡飞狗跳。在我所经历、参与的填报志愿事例中，90%的家长没有填报志愿之前对孩子的引导与讲解，只是粗暴地、命令式地、完全决定式地为孩子填报志愿。

说起同盟交友，还有一件很典型的事，在帮助孩子处理完之后，我自己也获益匪浅。

我的孩子上高中后交的第一个朋友，与他一样来自名不见经传的普通初中。当时班里有一半学生来自本市一所重点初中，另一半学生来自其他中学以及乡村中学，因此，这些学生少有旧相识。我的孩子领完桌椅那天，见一位同学坐在树下孤独地折着树叶，便过去一起折，二人由此相识并很快成了朋友。这位闵姓同学来自一所乡村中学，那个学校只有几名同学考入了重点高中，所以他在新环境里认识的人非常少。

有一天，孩子放学回来后坐在沙发上独自生气，叫了几遍吃饭也不动。后来我发现他嘴唇苍白，神情有些气愤又有些无助与落寞，便问他怎么回事，他说闵同学今天晚上约了社会上的人打架。我听了没当回事，以为他又在夸张地调侃生活琐事，结果他郑重地

第一章　家长们的沟通模式与风格

说："他以前在他们乡是个'棍儿'。"（类似于社会小团伙里的老大）他的神情让我发现事情有点严重，便坐下来听他讲。原来，闵姓同学在乡村中学时是一个小群体的带头人，俗称"立棍"了。父母在他上高中时把家搬到市里，一方面是想带他来更好的学校，一方面也是想阻止他与那些乡村不良少年继续在一起。没想到那些孩子与社会上的几个流氓起冲突后来找他，请求他带着原来那个群体去较量。我儿子知道这事后竭力劝阻，希望闵同学能彻底离开那个群体，离开以前的生活，回到正轨上来，踏踏实实地当个普普通通的高中生。可是闵同学满心的江湖义气，我儿子对他那种油盐不进的态度无奈又气愤、担心又紧张，只能因为自己的无力而生闷气。

依据自己的认知，我觉得像热血高校、校园江湖那样的形态在我们这里还不至于存在，毕竟那些只是影视文学作品里构建的另一个世界。于是，我与孩子分析闵同学带领他的同伴去打架的可能性：他的父母既然把他带离老家，肯定会进行规劝约束。而且进入高中之后，他的心智也在成长，多少也会对这个行动的后果进行预判，应该也会害怕学校处分。他白天受到同伴的蛊惑，当时的情境下可能很气愤，恨不得提着刀冲出去，可是回到家会冷静下来的。

孩子还是很担忧："看他那情形肯定是非去不可。他们跟对方都定好了时间、地点，就在学校西边那块刚拆掉的空地上。"我问他："那你想去帮他？加入他的团队？"

他怔怔地看着我，不明白我说的是什么意思。他并没有想去助闵同学一臂之力，只是因为没能劝阻住而陷入僵局，他能想到的朋友之间的帮助仅限于劝阻。

我说："你做得对。在事情没发生之前判定这是一件不理智、不好的行动，一定要尽力阻止，但现在，你的阻止没有效，那么你对

好好说话:不要让语言暴力毁掉孩子

朋友是选择放弃还是继续帮忙?"他说:"当然是想帮他。"

我说:"那么怎么帮?以什么样的形式去帮?依你的能力,你不会打架,也不是身怀功夫,连跆拳道课也没上过几节,估计过去只能当人肉沙包,不仅帮不上忙还得把自己搭上。如果报警,可能对闵同学不利,警察一旦介入,他肯定就有案底了,对他的前途有影响。告诉学校老师的话,校方的处分肯定是免不了的,可能也会写进他的档案里。"

他问我:"那怎么办?对方是社会混混,可能有武器。"他的脸更白了,十分担忧朋友会不会受伤或者死掉。

我思忖了一下,决定跟着他一块儿过去,找个隐蔽的地方观察情况。我俩商议好,如果对方过于强大,闵同学这边明显不敌,我们就及时报警,一定要把闵同学的安全放在首位。结果我们在那儿守了一个多小时也没见一个人来,我俩互相看看,如释重负。他说:"看来他这回长脑袋会思考了。"

关于闵同学的情况,我在平日跟孩子的聊天中了解了一些,他的成绩不是很好,不是按分数录取的,是依托了相关照顾政策才来到这所学校,因此学习有些跟不上,而他本人的情绪也不是很高,有些过一天算一天的"躺平"情绪。我担心在这样的状态下,随着高考越来越近,学习进度越来越快,他可能会彻底放弃自己,那时候可能就会更容易被拉回之前那个小团伙去混"江湖"。我让孩子把他带到家里,假意说自己新做了一个青春课件,请他们帮忙看看哪里还需要改进。于是,我在家里为他播放了一遍我的那堂"人生规划课"。我从登泰山的三条路线开始,讲了不同路线会有不同的风景,引导他明白人生的路大不同,一个人可以选择直通车,也可以选择崎岖的弯路,但最终每个人都会到达顶峰、达成目标,重要的

第一章　家长们的沟通模式与风格

是沿途的收获会各不相同。这个不同没有好坏之分，都是人生阅历，都是财富。

那之后，我没再听孩子说有同伴来找闵同学，他无波无澜地度过了高中三年，并考上了不算差的大学。

关于交友的问题，人们的想法历来分歧很多，且不说古语中的"近朱者赤，近墨者黑"，也不说现在"与什么人在一起决定着高度和格局"这样的鸡汤文，就连不识字的老奶奶们也知道"跟啥人学啥人"。所以，家长们对孩子交友这件事万分敏感，对它的重视度与分数不相上下。越来越多的家长对与孩子走得近的伙伴都会严加调查：家长是干什么的？家是农村还是城市里的？家住哪个小区？学习好不好？家长们就是这样，一旦平日里的吃穿用度、待人接物、习惯教养等等诸多恒量因素跳出了自我认知的标准，便想方设法要割断。

五、共同成长

家长拒绝学习、拒绝成长是很可怕的事。有句俗话说，"第一次当父母，谁也没经验"，所以，承认自己的无知与不足并不可耻，然而我们总是碍于年龄和辈分，不肯面对自己的教育盲区。我们将两代人在价值观念、心理状态、生活习惯等方面的差异称为"代沟"。常见的代沟是妈妈无知，不接受新生事物也不学习，以陈旧的看法去衡量孩子的行为，用打击、耻笑等方式磨灭孩子心中的梦想。前几天我看了一部青春剧，以夸张的手法为固执己见的家长设计了可笑的情节与台词。例如女儿喜欢配音这个职业，一边上学一边接了

好好说话:不要让语言暴力毁掉孩子

一些有声小说的兼职,而她妈妈却横加干涉,坚决认定那个是评书,质问现在谁还听评书,难道女儿小小年纪要活成古董不成;女儿交了个男朋友,是小提琴制作师,而她妈妈却一口一个小木匠,让女儿赶快分手,说跟着小木匠没啥前途。这就是明显的代沟。

九岁的朝阳个子不太高,因为家里大人热衷于打乒乓球,尤其奶奶,更是其中高手,他便很想跟着玩。妈妈没有经过真正的学习与训练,于是奶奶带着他去玩。开始时奶奶很高兴,教了他简单的拿拍和接球动作,接着,让人意想不到的事发生了:朝阳只是一个胸口刚过案子没多少的小孩子,又是初次拿起球拍,当然连发球也发不出去,没几分钟,奶奶想让孩子当她的供球手、为她大肆扣杀做准备的想法便破灭了。被浇灭兴致的奶奶一通嘲讽之后,扔掉拍子而去。朝阳懵了:说好的教我打球呢?怎么啥也没教就劈头盖脸的"笨蛋""蠢死了"的一串骂呢?

接着,朝阳的爸爸陪他玩。其实,说"陪"都有些客气,他完全没有教孩子的耐心,无非也是想让孩子陪他玩。他没把孩子当孩子,只把孩子当成一个上来就会打球的玩伴,只想着自己玩个酣畅淋漓。爸爸一上来就玩花技,左挪右移,弄得原本对球及球拍根本不熟悉的朝阳左右扑球也扑不上,而爸爸站在对面像看猫戏球一样看着他,还不时发出讥笑和调侃,极其"毒舌"。多次扑球未果又被百般嘲笑后,朝阳羞愤难当,哇地哭了起来。"算了,你不是打乒乓球的料!"爸爸甩下这句话扬长而去,因为朝阳不是好的陪玩而扫兴不已。

面对这样只关注自身感受、只爱自己、没有耐心的所谓成年人,朝阳妈妈感到无话可说,他们身上的问题太多,孩子对于他们

第一章　家长们的沟通模式与风格

来说不过是个"多功能"工具。

乒乓球是我国的国球，在各种重大比赛上中国又连连夺冠，这项运动普及到大众中，全民热度高涨，连小区休息亭都摆上了简单的乒乓球案子。在这样的氛围中，一个小孩子很难不被感染。朝阳妈妈看得出孩子眼中的羡慕与渴望，她知道他是很想打乒乓球的，于是，在奶奶、爸爸接连打击孩子的学习热情后，虽然她是奶奶、爸爸的手下败将，但为了孩子，她毅然当起了孩子的教练。

朝阳妈妈只是上学时跟同样不会打球的同学互相接发、推挡着玩过乒乓球，不会真正的扣杀，所以她的球打得软绵绵的。之前奶奶比较喜欢让她陪着玩，是因为她会供球让奶奶扣个痛快，同时又不会扣杀反击，是最好的供球手、捡球员。经过孩子的事后，她不想再陪奶奶玩了，但为了消除之前他们给孩子造成的自卑和恐惧，她还是答应了奶奶。其实，她虽然连入门也算不上，但因为一直玩着推挡，倒是练出了不错的调球技术，之前她一直不忍心对抗老人，只是为哄她开心才供球给她。但这回她要给孩子示范技巧，于是一点也没客气，不停地左右调球，绝不供给奶奶好的扣球角度。结果，奶奶不但没享受到扣杀的畅快，还被调得气喘吁吁，最后失望地扔掉球拍说："你这来回调球的，也不给个好球扣，玩人吗？我不玩了！"

妈妈笑吟吟地看着朝阳。朝阳两眼瞪得溜圆，

> 爱心与耐心是每一位父母的必备，如果没有心情、没有能力教导和陪伴孩子，又何必让孩子来到这个世上呢？

> 孩子是人，不是玩具，更不是智能机器。建议大家不妨读一读鲁迅的《我们现在怎样做父亲》。

好好说话：不要让语言暴力毁掉孩子

他似乎明白了：不一定非得大力扣球才能赢，这种来回调对方的技术更有趣。像妈妈这样站在原地，只需脚下小幅度调整，轻微转动手腕，就能操控着乒乓球按自己的意愿运行，而让对方措手不及、跑来跑去地找球，有一种以静制动、胜券在握的成就感。

论调球，爸爸当然技高一筹，之后，朝阳数次跟爸爸对练，不仅学习调对方，也学习灵活地应对各种来球。

为了避免启蒙阶段学歪了，朝阳妈妈当然不能把自己随便玩玩时自悟出来的不入流技术教给朝阳，于是到网上找乒乓球教学视频与他一块学习，然后去实践，等到他掌握了发球、接球技术，便把自己的调球技巧教给他。之后，朝阳妈妈鼓励朝阳去向奶奶约战，果然把奶奶调得不轻，奶奶气愤地嘟囔："净耍坏心眼儿，再也不跟你玩了。"

他们也不在乎，继续看视频、尝试，很快，朝阳妈妈这点水平便不能胜任陪练了。等到朝阳六年级时，朝阳妈妈把他带到乒乓球馆，建议他去向馆主爷爷挑战，实际上是偷艺。馆主爷爷不时细心地教朝阳一些标准动作及技巧，慢慢地，他的球技像模像样了。在学校举办的球赛上，他非常自信地报了名，虽然最终没能打赢那些在乒乓球队专门训练的同学，但因为他动作标准、姿势帅气，引来不少关注，就连酷爱乒乓球的老师也专门来班里约他打一场。他虽然没有赢得名次，但走在校园里，却时不时有同学、老师指着他说："这位同学乒乓球打得好！"

其实在生活中，我们和孩子共同成长的契机无处不在：共同去读一本书，读后讨论理解和感受；共同研究、修理家里坏掉的工具；共同采购食材，创新一道美食……这样很难吗？有什么不会

第一章　家长们的沟通模式与风格

的？网上教学五花八门，一起找一起学，既享受了乐趣，又培养了与孩子的感情，不是事半功倍吗？重要的不在结果，在于一块学习、成长、有所得的过程。

共同做一件事最直接的收益就是情感上的共鸣。基于共同的话题，找到心意相通的路径，通过尝试、研究、商讨和对孩子思维的训练，可以培养共同经历的亲子之情。如果能力胜任，在这个过程中还可以修正一些孩子在成长中出现的错误，比如负面的情绪、误入歧路的思考方式等。

第二章 出口成章还是出口成"脏"

什么是情绪？人为什么会有情绪？

情绪是由人的主观认知经验产生的心理和生理状态。我们常把这个认知称为信念、心锚，认为一个事物应该是这样的，如果不这样便是错的。这是认知最简单的表现形式。对事物的认知受视野、经历的影响，就像在清朝以前，人们很少有机会见到西方人，因此看见金头发蓝眼睛便认为是妖怪。人最普遍的情绪有喜、怒、哀、惊、恐、爱、恨等，细微一些的情绪有嫉妒、羞耻、自豪等。情绪通常受心情、性格、脾气的影响，有时候也会因身体状态而变化，如青春期的孩子情绪容易波动是因为荷尔蒙的作用，而神经受损的人情绪容易失控。人在情绪不稳定时很容易做出冲动的行动，说出欠思考的话，因此，控制情绪是一项必备的修养。

第二章 出口成章还是出口成"脏"

第一节 情绪的傀儡

当我们与孩子进行沟通时，总会被带动情绪起伏。当孩子接受了我们的信念，我们就认为是一次好的沟通；如果没有达到期待的效果，我们就会认为是不好的沟通，就会产生相应的情绪反应，并在此情绪下采取措施，而这个措施最先往往是口头上的指责、训斥和恶言相向。促使我们做出这些的根由在于信念。在沟通的认知上我们总是存在一个误区：我们交流的目的是让孩子接受自己，让孩子改变，而不是自己改变。如果孩子没有达到我们要的效果，我们就会有无数种反应，例如失望、挫败感、不甘心、放弃、惩罚、生气……继而我们会觉得不甘心，于是变本加厉地采取极端行为，而且一定是杀伤力极强的行为，表现在语言上就是责骂、冷嘲热讽、反复唠叨等。我们柔软的舌头成了锐利的伤人武器，一个错误的信念使我们成为情绪的傀儡。

一、暴躁与踢猫

许多时候，当孩子努力做一件事时，我们却得了"眼盲症"。这是因为我们只看到了事情表现出来的外在的大小，我们只知道它的"小"，却不知道这个"小"的背后有庞大的内涵。

阿瓜想到爸爸总是吃方便面，很心疼爸爸，这天他决定给爸爸做晚饭。他揭开电饭锅盖，一股臭味直冲鼻孔，原来不知道哪天的

好好说话：不要让语言暴力毁掉孩子

饭底一直没收拾，已经长出绿绿的毛，散发出让人恶心的难闻的气味。阿瓜费了好大劲才把锅底的饭蹭掉，又用清水冲了十几遍，锅里终于没有臭味了。

阿瓜又找了半天，才在一只方塑料桶里找到一碗米，他倒进锅里，加水，用手指试了试水深，盖上锅盖，插上电。大功告成。

快八点了，爸爸还没有回来。阿瓜打开电视看了一会儿，又不安地望着窗外，如果爸爸回来看到他在看电视，肯定又是一阵"电闪雷鸣"。

阿瓜翻了几十个频道，没有动画片了，他决定去洗衣服。

阿瓜把自己屋里堆着的衣服和爸爸床上、椅子上、写字台上堆着的衣服全都扔进洗衣机。洗衣机里原来还有一堆衣服，这下子变得满满的。阿瓜放好水，倒进洗衣粉，洗衣机嗡嗡嗡地转了起来。为了洗干净，阿瓜把洗衣机钮拧到终点，洗衣机整整转了半小时才停下来。

阿瓜又捞出衣服放进甩干桶里，盖好，按按钮。嘣嘣嘣嘣，感觉洗衣机要跳起来了。阿瓜吓坏了：不会把洗衣机弄坏了吧？又要吃拳头啦！阿瓜急得手足无措。

洗衣机停止工作以后，已经离开了原位。阿瓜把衣服拿出来，一件一件晾到阳台上，又把洗衣机挪回原位。然后他跑到厨房去看电饭锅，怎么一点反应也没有？奇怪，不是不大一会儿就咕嘟咕嘟冒

> 世界上最宽容的人是谁？不是父母，不是亲友，是孩子。他们对父母的依赖与信任是无条件的，不会因为离开母体而消失；对于来自父母的伤害，他们轻易不会去记恨。除非这信任在浓浓的亲情被父母无情地消耗殆尽时，他们才会放弃。

第二章　出口成章还是出口成"脏"

气了吗，怎么还没冒气呢？难道电饭锅也坏了？阿瓜越发恐惧，又要吃"佛山无影脚"了吧。

想到这儿，阿瓜跑回自己屋里，把门反锁上，钻进被窝里。他浑身冒汗。

阿瓜不知道自己什么时候睡着的。他被突然而来的疼痛惊醒了——他的屁股火辣辣地疼。他惊恐地坐起来，看见爸爸怒气冲天地站在他的床前，怒目圆睁，眼睛里布满血丝，头发蓬乱，鼻翼上下翕动。他的西服歪斜着，领带扯开着，裤子几乎全湿了。

"你想害死老子！"他大吼着。

阿瓜莫名其妙。

"你来！"他一把把阿瓜扯下床，揪着阿瓜的耳朵把他拖到卫生间，"这是怎么搞的？给老子舔干了！"他说着就往下摁阿瓜的头。

阿瓜这才看见卫生间里全是他刚才洗衣服时流出来的水，走在上面直打滑。原来阿瓜爸爸刚才在这里跌了个大屁墩。

"对不起爸爸，我不是故意的。"阿瓜说着，蹲在地上，用手往地漏处扫水。

"还说不是故意的！跟那个死女人一样狠毒，想把我害死！"阿瓜爸爸对着阿瓜的屁股就是一脚，阿瓜一下子趴在地上。

"给我马上弄干净，不弄干净别想睡觉！"说完，阿瓜爸爸回到客厅，把衣服扔在沙发上，两只

> 生活常识靠学习，生活经验靠习得，抛开这些后天能够获得的技能，最珍贵的爱之心是不易获得的，我们应该看到并珍惜它。

好好说话:不要让语言暴力毁掉孩子

鞋向地中央一甩,仰躺在沙发上。

阿瓜一边抹着眼泪,一边找来抹布擦水。地上的水太多了,抹布很快浸透了,阿瓜换了一块抹布,很快又湿透了。他偷眼看看墙上的钟,已经是凌晨一点多了。

阿瓜爸爸在沙发上眯了一会儿,站起来,从餐桌上抓起一包方便面走进厨房。咣啷一声的同时,爸爸的喊声又起来了:"这是什么东西!"

阿瓜立刻跑过去,看见电饭锅盖摔在地上,爸爸拎着电饭锅,锅里是清水泡米。

"是我焖的饭……"阿瓜怯怯地说。

"在哪儿呢?在哪儿呢?米泡进水里不按闸,能焖饭吗?废物点心,你还能干什么?除了吃还会啥?"阿瓜爸爸气势汹汹地连米带水一起倒掉,把锅冲干净,又接上水烧上,准备煮面吃。

"爸爸,你不要吃方便面了,吃完又该胃疼了。"阿瓜哀求着。

"少管我!你倒是给我做顿饭出来呀。啥用也没有!"方便面煮好了,阿瓜爸爸把面倒进大碗里,端到餐桌上,只对阿瓜说了一句:"想吃自己煮。"

阿瓜爸爸几口把泡面吃完,又看见晾在阳台上的衣服皱皱地堆在晾衣架上。他走过去翻一翻、抻一抻,忽然抓起一条裤子,从裤兜里掏出一个纸团。那纸团蓝色,已经被搅成浆,又揉成了团。

"哎呀哎呀哎呀,哎呀哎呀哎呀……"阿瓜爸一连声地哎呀,捏着纸团的手不停地颤抖,"我的天啊!"他几步冲到阿瓜跟前,抬手就是一个大耳光,"你这败家子,我三个月的辛苦全都白费了!"

"啊……爸爸……"阿瓜不知道这耳光因何而来。

"你是成心想害死老子啊!我跑断腿才签了这一笔订单,全被你

第二章 出口成章还是出口成"脏"

毁了，全毁了！说，是不是那死女人让你这么干的，就是想害死老子，是不是？"阿瓜爸爸边说边使劲戳阿瓜的脑袋。

"对不起，爸爸，我不知道，我真的不知道。我只是想帮你洗衣服……"阿瓜泪流满面。

"你是猪脑袋啊，不知道翻翻衣兜！洗衣服？谁要你洗衣服的？你是存心害我是吧，想让我死？我死了你就好了，你就去找你妈！"

"爸爸，我没有，我没想害你，我真的没有……"阿瓜委屈地辩解。

"还狡辩？啊？你！"阿瓜爸爸越说越气，随手抄起勺子就往阿瓜身上抽，阿瓜惨叫着逃进自己卧室紧紧关上门。

"小兔崽子，打死你算了！辛辛苦苦养你干什么？！"阿瓜爸爸又在客厅里骂了一会儿，好久之后才倒在沙发上呼呼睡去。

阿瓜一直等到鼾声响起才放心地爬上床，他终于能睡觉了。

一个努力表达爱的孩子，却被小小的过失吓得不敢露面，可以想象，大人的"不领情"会给孩子带来多大的伤害。我们以为我们为孩子付出了"爱"，他就是我们可以任意推动、丢掉、修理的棋子，实际上他不是，他是有思想、也想回应爱的一个人，他用纯净度超高的小心思想让我们知道，他有多么爱我们。

孩子是什么？是我们生命的延续。我们珍爱自己的生命，却为什么不把我们生命的延续当回事？一个十岁的孩子，他有多少承受能力？他是我们情绪的垃圾站？他是我们愤怒时发泄的对象？他幼小的心灵难道不会受伤？

在暴力中成长的孩子最容易没有安全感，这种不安会导致两个极端：一是极端反暴力。他会将所受的暴力疏散开去，打架、自

好好说话：不要让语言暴力毁掉孩子

残，无来由伤害他人，与同类型的孩子混在一起结成帮派，经常做一些扰乱别人生活、对别人生活造成威胁的事。这是他的宣泄方式；还有一种就是自闭、懦弱。由于对周围的一切充满恐惧与不安，所以他企图像海螺那样缩进壳里，自然而然地给自己营造一个保护壳以躲避伤害，最终把自己封闭在自己的小世界里，不与人交流，自闭起来。

其实阿瓜爸爸是一个很有担当的人，只是时运不太好，家里底子薄。当年他跟阿瓜妈妈经历一番波折才成了家，没想到憧憬中的生活还没有展开，家就破裂了。阿瓜三岁时，阿瓜妈妈离家出走，把失业在家的爸爸和阿瓜扔在一间破旧的小平房里。那时候，阿瓜家的状况比现在还差许多，租住的小凉房冬天阴冷，夏天热得喘不上气。阿瓜爸爸的工厂也倒闭了，小时候做过手术的阿瓜爸爸很难再找到工作。因为身体的缘故，蹬三轮车的工作他也做不了，便推着车在街上卖菜，可是流动卖菜赚不够父子俩的饭钱，还要躲避城管，异常艰难。有一次卖菜的时候，阿瓜爸爸遇到了一个做保险的同学，他动员阿瓜爸爸也试着做保险。阿瓜爸爸觉得这工作不用动太多力气，挺适合自己，于是置办了一身西服，借钱参加了保险业务员的培训。

培训的那三个月，阿瓜爸爸每天回来都要练习好长时间，听众就是阿瓜。"爸爸好棒！""爸爸好

> "爸爸好棒！""儿子好棒！"同样的句式，同样司空见惯的赞美句，感情色彩却不同，内涵也不同。儿子对爸爸的赞扬是纯粹的赞扬，说爸爸棒，便是由衷地觉得爸爸棒；而父母对孩子的称赞就不一定了，很大程度上或是敷衍，或是带有意愿驱动性。

第二章　出口成章还是出口成"脏"

棒！"阿瓜见爸爸讲得那么投入，便一次一次地鼓励爸爸，他觉得爸爸非常了不起。

培训结束，阿瓜爸爸开始四处找客户，这才发现做保险并不像想象的那么容易。虽说每个人都有必要买份保险，可太多的人根本认识不到这一点，都对保险业有偏见，阿瓜爸爸只好听从那位同学的建议，从亲戚、同学那儿开始入手。亲戚、同学鉴于他的状况，多多少少都买了点保险，就这样，他的业务展开了。

不到半年，阿瓜爸带着阿瓜搬到了现在的这个一室一厅小房子里，阿瓜住卧室，爸爸在客厅里支了张床，父子俩再也不用挤在一张床上，再也不用卧室餐厅都在一起，再也不用跑很远去公厕了。

为了扩大业务量，阿瓜爸爸通过亲戚、同学的介绍去找那些不认识的客户，跑的地方越来越远，有时候还要到下面的县城。有时候当天回不来，他就提前给阿瓜留点钱，叫阿瓜自己解决吃饭。后来他干脆在家里囤了几箱方便面。

后来，阿瓜爸爸的业务越来越不好，有时候连房租都交不上。可是他总是给阿瓜留不少钱，有时候50，有时候30，因为他不确定哪天会晚回来，他怕阿瓜挨饿。

再后来，他每天都在外面跑，夜里11点之前回家的时候很少很少，有时候喝点酒，有时候一天也不吃饭，回家就急匆匆地煮方便面吃。他的脾气也越来越暴躁，张口便骂，抬手便打，阿瓜完全成了他发泄不快的出气筒。他再也无心过问阿瓜的学习和生活，更谈不上关心阿瓜的心情。他认为命运总是捉弄他，可又不知道该怨谁，他失望又无助，看到阿瓜就会想到那个骗了他的女人，火气就收不住。

好好说话：不要让语言暴力毁掉孩子

一个男人在外面讨生活，见了人低声下气、巴结讨好，只为能做成一点小生意养家糊口，当然难免心存委屈。这委屈通常不能对外人说，只能希望家里人给予谅解。但并不是每个人的家人都是善解人意的，也很少有人能设身处地地明白他的难处。所以，当他带着一脸的不愉快回到家时，面对的可能是指责和冷眼，也可能是家人的委屈和不安。比如家里只有懦弱而迟钝的妻子和年幼无知的儿子，他不忍心朝他们发泄，可是这满满的坏情绪总得有个出处，于是当他看到猫趴在窗台上眯着眼伸着懒腰，火气便上来了："你也在嘲笑我吗？凭什么我到处受气受委屈，你还在这里悠闲？"说完一脚把猫踢下窗台。听到猫发出凄惨的叫声，他心里总算痛快点了。这便是心理学上的"踢猫效应"。

阿瓜无疑充当了那只猫的角色，成了爸爸愤恨、自卑等诸多坏情绪的承接者。事实上，一只无辜的"猫"一点也不能解决问题，坏情绪的剑锋还伤了这只"猫"，而短暂的宣泄之后，所有的问题仍会扑面而来。

二、暴躁对应咆哮

萱萱妈妈一直抱怨孩子没有毅力，什么事都坚持不了几天，什么计划都是空头支票。自从在我的家长课堂上学习了分割目标之后，她信心满满。

她满心热诚地跟女儿制定了目标分割计划，并制定了相应的学习辅导方案。鉴于女儿当前在班级的成绩排名，她们制定的计划是每次月考前进三名，本学期进入班级前二十名，下学期进入前十名，完成目标。接下来的一个月，母女俩配合得很好，按计划做课

第二章 出口成章还是出口成"脏"

外习题，严格遵守定好的规定。然而月考之后，萱萱的名次没有改变。一拿到成绩，萱萱妈妈便按捺不住咆哮起来："怎么回事？你考试时干啥去了？脑袋忘家里了？这上面的题好几个都是做过的，我都记得滚瓜烂熟了，你为什么还错？你脑袋呢？"萱萱妈妈一边说一边用力戳萱萱的脑袋，戳得萱萱一个趔趄把腰硌在桌子角上，疼得她直掉眼泪。

"现在才掉眼泪，晚了！我每天晚上就围着你转，连股票都顾不上看，一个月损失了好几千，看看你浪费了我多少时间！你这倒霉孩子、败家玩意！学习原本是你的事，现在我不顾赚钱来帮你，你就这样回报我？！我看你就是成心祸害我！"萱萱妈妈越骂越气愤，感觉大脑都充血了，生疼。

这分割出来的小目标第一步没有实现，下一步便无法进行，但计划是万万不能改的，一定要达到最终目标。于是，萱萱妈妈命令萱萱下次月考一定要把这次的差距拉回来，这样下个月萱萱的名次要上升六名才能赶上进度。接下来的这个月，母女俩进入更加残酷的拼学状态。因为追赶名次的压力加大，学习量也相应增加，萱萱妈妈在辅导萱萱的时候便讲求高效快捷，对萱萱的做题速度和接收速度都要求是之前的二倍速。因此，严厉、急躁之气充斥整个共学过程，每到深夜，还常听到萱萱妈妈尖锐的叫声。萱萱哭着哀求："妈妈，能不能慢点，让我慢慢思考一会儿？"萱萱妈妈眼睛一瞪："慢慢思

我们养育子女就好比在积分，每积一分就离兑换礼物近一分。但我们要意识到一点，积分是一个累积的过程，越急着兑换，礼品的分量越轻。

好好说话：不要让语言暴力毁掉孩子

考？以为我不知道你的小心思？不就是想让我走开，你在这悄声干别的？少耍花样，快点做！"

萱萱拿着笔的手一直抖。妈妈让她快点做，可她被妈妈吼得晕头转向，大脑一片空白。在这种夜夜恐怖、紧锣密鼓的咆哮中，萱萱根本没有思考、消化的时间，结果第二次月考结束，她的名次不仅没有进步，还后退了三名。

再次来到家长课堂后，萱萱妈妈表示要放弃，尤其是看到一同学习的其他家庭的孩子都在按部就班地执行分割计划并有所成效，她越发觉得萱萱就是块朽木，无药可救。

在整个执行过程中，萱萱妈妈一开始就设错了信念。她把名次的提升定为目标本不算错，但她内心的信念是只要学了成绩就会提升，成绩提升了名次就会提升。而她的信念一旦设错，分割计划便成了无效计划。第一个月，母女俩在平静和谐的氛围中共同努力，萱萱的成绩有所进步。至于名次没有提升，其实是有许多可变因素的，比如题的难度超出学习范围，比如别的同学也进步了，如果只用名次来衡量努力结果，无疑是不科学的。而第二个月的共学，萱萱一直处于恐怖的掐脖子式监督中，急功近利的萱萱妈妈忽略了萱萱的接收能力、学习能力，一味地揠苗助长。或许小学课业对于萱萱妈妈来说再简单不过，可12岁的萱萱的接受能力和理解能力都没有成形，对于知识的理解、消化需要一个过程，而萱萱妈妈就像操作电脑一样，输入字符便要求屏幕上立刻呈现出完美的文章，她忘记了，萱萱的大脑里并没有电脑里那种事先设定好的软件程序。

第二章 出口成章还是出口成"脏"

三、愤恨神补刀

"怂包！""熊种！""你是死人?!"小宇是这样被骂大的，也是被欺负大的，因为他太胖了，9岁的时候就快100斤，二十几岁的时候体重近200斤。无论走到哪儿，他都是被嘲笑、被欺负的对象。

小宇是二年级的时候突然发胖的，仅仅半年时候，他就成了一个胖胖的男孩儿，也是从那时候起，他成了同学们欺负的对象。开始只是几个淘气的小子趁他不备掀起他的衣服摸他肚皮上的肉，后来就有同学往他身上撞，把他压倒当沙发坐，再后来，效仿的同学越来越多，有一次他被八九个同学压在底下，差点一口气没上来。他哭着回家把事情告诉了妈妈，妈妈把眼睛瞪了起来。他以为妈妈会大骂那几个欺负他的人，没想到妈妈说的却是："你是死人啊？你不会反抗？""熊货！""你这种熊种活该让人欺负！""谁叫你长那么胖的？今天别吃饭了！"小宇不敢哭了，妈妈传递给他的信息是：你胖你活该！都是因为你胖！接下来几天，小宇连饭也不敢吃，只在实在饿得难受时才偷偷吃一点。他迫切盼望自己瘦下去，瘦下去就不会被人欺负了，可是因为没有科学减肥，每当饿急了他就一通暴食，结果不仅没瘦，反而越发胖了。

随着年龄增大，他开始学着对抗。然而他一向

> 孩子给我们看"伤口"，希望得到的是我们给予"治疗"，而不是嘲讽、指责、说教，甚至判定孩子"活该受伤"，放任"伤口"不管。

好好说话：不要让语言暴力毁掉孩子

被欺负惯了，越来越多的同学加入欺辱他的队伍，他们似乎已经习惯了欺辱一个胖子，并且理直气壮，丝毫不觉得有什么不妥。没有人会同情他，也没有人肯站出来帮他，他孤立无援，成了众矢之的。有一次他奋力反抗，脸上挂了花、嘴角带着血渍回到家，爸爸看到他这个样子，既心疼又气愤："都谁打你了？"他一一列出名字，爸爸说："你听好了，把这几个名字记好，明天他们再欺负你，你就跟他们拼命，有石头拿石头砸，有棍子拿棍子打！"小宇一听怔住了，因为他不会打架，更不会打人。但他想到这么久了，爸爸是唯一为他出对策的人，便怯懦地说："要是打坏了呢？打坏了犯法！"爸爸接口道："别怕，打坏了爸爸去赔钱，让他去医院躺几天也是教训！"有了爸爸这句话，他便试着去反抗，可是每次拿起石头却不敢砸下去，因为他知道那是不对的，砸坏了人是犯法的。最终，他认命了被欺辱，习惯了被欺辱，再也没有向爸爸妈妈寻求援助。直到上了大学，他的体重仍然没有降下来，一直到三十几岁了，相亲也不敢去。

被打了就要打回去，以眼还眼，以牙还牙。这一信念的认定使父亲见到儿子被欺负却无力反抗而产生愤怒，但在愤怒之余，他却没有想到儿子与对方的能力悬殊、儿子性格的强与弱等因素，这些因素决定着儿子对于被欺负所能做出的反应，或许是他不懂得还回去，或许是他深知自己的能力不敢还回去，或者是他尝试过却没能力还回去。

小孩子被人欺负了，第一句话会说"等我回去告我妈（爸）"，最想的就是快点跑到妈妈爸爸的怀里大哭一场，求得安慰和依靠。三年级的小婧被欺辱后，她妈妈的处理方式让她认识到一个社会规则。

第二章 出口成章还是出口成"脏"

小婧妈妈是个外来户，在一个小区里租了个一楼，辟出一间作为裁缝间，靠为人做服装谋生。正好有一块很好看的布料余料，她就给小婧做了一件儿童旗袍，小婧开心得不得了，欢天喜地地穿着去上学了。班里一位家庭条件很好的女生看见了，十分嫉妒小婧这件独一无二"私家定制"的漂亮旗袍，就在下课后把小婧叫到角落，说想借她的旗袍穿一下，看看自己穿着好看不，好看的话回去叫妈妈也给自己做一件。小婧没多想，脱下旗袍递给了那名女生。那女生拿到旗袍就走了，而小婧身上只剩了小背心和短裤，独自蹲在墙边。后来，有一位老师看到了她，问她怎么回事，她说衣服被某女生拿走了。那老师眨了眨眼，欲言又止，只告诉小婧快回家穿件别的衣服来上学。小婧家就在学校对面，她跑回去穿衣服，妈妈看到女儿只穿着小背心和短裤跑回来，又心疼又生气，马上跟着来到学校，把情况跟班主任讲了，希望班主任主持公道。班主任立刻把那女生叫到办公室，问她是不是拿了小婧的衣服，那女生却趾高气扬地说："我试一下就还给她了。"小婧当然说没有，但那女生坚持说还给小婧了。

小婧妈妈打量那女生比小婧高一头，料想她根本穿不下小婧的衣服，估计是因为嫉妒给弄丢或者弄坏了，就更加生气，强调小婧不可能说谎。小婧

> 是非观与三观紧密相连，对待是非的态度决定着一个人会拥有怎样的三观。人在社会上行走，有许多气要吞，有许多委屈要咽，但这并不代表我们不需要让孩子明辨是非；或许惩恶不是我们的责任，也非我们的能力所为，但不代表我们不需要让孩子去认识什么是恶。一味地教孩子无原则卑微也算不上善。

好好说话：不要让语言暴力毁掉孩子

说曾有位老师遇见过蹲在墙角的她，于是又把那位老师叫过来，那位老师说没见到这个女生要小婧的旗袍，只看到小婧穿着背心短裤蹲在墙角。她说的也是事实，但她没有提她问小婧缘由的事。班主任表现出为难，劝小婧妈妈回去找找，说她是不是记错了，或许小婧根本没穿着旗袍来学校，小婧妈妈气得无语。这时，那位老师凑到小婧妈妈耳边悄悄说："别硬碰硬了，吃个哑巴亏算了，这女生的爸爸是某单位的领导。"小婧妈一听怔了怔，什么也没说，拉着小婧转头离开了。

回到家，小婧问妈妈还能不能要回旗袍，小婧妈妈对小婧说："以后不要惹那个女生，她爸是个大领导，咱们惹不起。这次就认了吧，吃亏是福。"从那以后，小婧再受了欺负一点不敢跟妈妈讲，因为妈妈教给她一个社会规则：我们是外来户，没有背景没有靠山，谁都惹不起，凡事只有忍。

许多时候，我们生气发火并不是生孩子的气，而是生自己的气、对自己发火。我们不想面对那个"小我"，不情愿自我检讨，于是便选择了另一种发泄形式，把本应该发向自己的火发向了孩子。可是这样一来，我们既没能改变自己，也没达到发泄后便轻松的目的，反而让孩子受到莫名的委屈。我们用自己的过错惩罚别人，那个代我们受过的人只能感到委屈和害怕，或者变得暴力，或者变得懦弱。

四、失望之后的歇斯底里

我们对孩子人生剧本的设计，也称为我们的憧憬、愿望，是从

第二章 出口成章还是出口成"脏"

何时开始的呢?通常情况下,从孩子一出生,我们便开始有意地让孩子按剧本成长,然而现实却不断打我们的脸——孩子并不是一个很配合的演员。

我曾安排几个很小的孩子做过一个游戏,我为他们分配角色,为他们讲解剧本,要求他们完成一个小戏剧。刚开始他们听说自己要演戏,非常热衷,可是当我像正规编剧那样为他们说戏时,他们一脸懵懂,机械地做着我设定的动作、背着台词,看上去拘谨又木讷,弄得我原本的热情消失殆尽,甚至怀疑自己的剧本有问题,最后便放弃了。没想到,他们跑开以后却玩得异常"嗨",仍然用着剧本中为他们分配的角色,很快就自觉代入,无师自通地随性发挥演起了小戏剧,或者可以称作"过家家"。后来,我丈夫带着他们几个做追跑比赛,只是告诉他们从街头跑到街尾再跑回来,谁先到达终点,谁就会得到大拇指点赞以及一句简单的"你真厉害"。仅仅这样一个口头上的点赞,却令孩子们热血偾张,一个个跑得小脸通红,不亦乐乎。

每个人都有自己的人生剧本,自己的剧本只适合自己演。自己的剧本没有演好就想让别人替你演,怎奈别人也有自己的剧本!年轻的时候我们有好多好多想做的事,可是人生太短、时光太快,许多事根本来不及做。如今岁月过半,我们便把未竟的理想延续到孩子身上,希望他能替我们完成。其实细想一想,我们的理想是我们的,为何要孩子替我们去完成?难道我们的人生不够了,就要到孩子那里去"借"?孩子不可以有自己的理想和活法吗?在孩子短暂的人生里,如果只是忙忙碌碌地完成我们的理想,那他的理想由谁去完成?这不叫人生,更不叫为他的人生打算,这叫掠夺,是我们未经同意就掠夺了他的人生。

好好说话：不要让语言暴力毁掉孩子

吵架的时候，李可妈妈的思维是跳跃式的，她能迅速联想到毫不相干的事件上去，把意想不到的人扯进来。

李可爸爸是公务员，但只是一个普通的文员、一个默默无闻的人，整天忙忙碌碌地写材料整档案。他没有李可妈妈那么多应酬，也不像李可妈妈那么爱到处露脸，反而常常劝李可妈妈不要把名利官衔看得太重，要保持心灵的宁静。但李可妈妈认为他这是在为自己的无能找借口，是一种消极躲避的表现，最怕把这种思想传染给李可。她认为在如今这样高压的竞争白热化的社会里，人一定要强势才能生存下去。她的观念就是一定要做最好的，人一定要压倒众人、凌驾于别人之上才能立足。她唯一的信念就是争第一。

有一次，李可妈妈和李可爸爸参加大学同学聚会，同学们顺理成章地聊起了孩子。李可妈妈眉飞色舞地夸赞起李可："我们家李可平时看上去不太上心，可是上学这三年，每次都是年级第一。这孩子比我们两个上学时强多了，不像老李那会儿，学得昏天黑地，成绩还是一塌糊涂。"

"那当然是遗传你的聪明才智啦，你上学时不也是出类拔萃吗？现在工作上也是游刃有余。"同学们的话充满了讨好和恭维，李可妈妈很受用。几杯酒喝下去之后，李可妈妈热血沸腾："等我们家李可上了高中，我就把她送到国外去上名校。中国的教育太古板，压制人的想象力，我们家李可这么一块好坯子，可不能被约束坏了。"

李可爸爸尴尬地在桌下不停地扯她，她还是滔滔不绝地讲着她的宏伟育女蓝图。

同学们自然又是一番感慨："哎，还是你有条件啊，我们可不敢想。我们养家还紧张得很，房贷压得都喘不上气，孩子能做个平常

第二章　出口成章还是出口成"脏"

人就行了。"

"平常人就挺好！"李可爸爸实在忍不下去了，他已隐隐感觉到一股寒气。

"什么平常人挺好？人活这一世就得留下点痕迹，不能只是庸庸碌碌地结婚生孩子，在一个地方默默地死去。这样的人生有什么意义？你胸无大志，可不能让孩子也跟你一样。"李可妈妈用一大段话堵住了李可爸爸的嘴。

李可爸爸端着酒杯的手不停地抖，他不敢抬头与同学们的目光相对。他猜想得到，那一道道目光充满质疑、讥笑……

回家的路上，李可爸爸埋怨李可妈妈："你在同学会上乱说什么呀，吹那么大的牛，到时候做不到看你的脸往哪儿放！"

"我吹什么吹！你看着，我一定把李可送到哈佛去！而且我还不用花钱，让她自己拿奖学金。你怀疑我的能力吗？只要我想做的事就一定能做到！李可是谁？我的闺女，遗传了我全部的优良细胞啊。"

"你这么能，为什么只混了个地方三流大学的文凭？"李可爸爸将了李可妈妈一军。

"哼，我那是生不逢时，重点的水平偏偏报了个滥大学。这种悲剧坚决不能在我女儿身上重演。"

李可妈妈的豪言壮语可是说出去了，于是她下定决心：严格再严格，坚决不能让李可走错一步！她给李可报了一种培优班，李可三年级结束时就把

> 自己撒的谎自己圆，自己吹的牛自己牵，谁也没有义务为你的言行买单。孩子是独立的人，不是家长棋盘上的一粒棋子。

好好说话:不要让语言暴力毁掉孩子

六年级的课程学完了,所以不管什么考试,不管老师强调得多么严峻,李可妈妈都胸有成竹:六年级的水平考三年级的试卷还不是信手拈来?她觉得只要考试稳居第一,李可有空玩玩游戏也无妨。没想到,因为玩游戏,李可考了有史以来最低名次——第二名。这下李可妈妈慌了,她深信一个规律:人要是想好可太难了,要是想坏,随便一溜就下去了。

李可妈妈从微小的事情上意识到了严重的后果,"防微杜渐"这个词在她脑海里翻腾不已,于是她迅速给李可买了两套精练题。多做题,反复做,这是学习唯一的窍门。

"快点去做题,语数外各做一张卷子,做完拿来我评分!"李可妈一把抢过李可手里的书,转身又把书架上的童话图画类书全都抽出来,"都多大了还看这种幼稚的书?你要多看励志书、名人传记、世界名著、国学书,那些让人变成白痴的漫画,坚决禁止!"

李可不再说话,坐到写字桌前,摔打着妈妈放在桌上的题集。

"还有,这阵子不许玩游戏了!"李可妈妈又加了一句。

"你为什么可以玩?"李可小声嘟囔,"只会管别人,不管自己。"

"少废话,我是大人。你的任务就是学习,成功了才可以考虑这些娱乐休闲的事!"

"今天受苦是为了他日更多的甜",这话是没错,但有一点我们要明白:身体对于痛苦与磨难的承受力需要有强大的心理之墙做保障,脆弱的内心是撑不起高强度的磨炼的,尤其是孩子,否则就不会有那么多的少年自杀事件发生了。

第二章　出口成章还是出口成"脏"

"哼，对的总是你，错的总是别人！"

"那当然，这都是我摸索出来的，直接拿给你用，省得你重复摸索，浪费时间！"

李可不再说话。妈妈是有名的常有理，谁也辩不过她。

"我的话你都听清了？别这个耳朵听那个耳朵冒。记住没？"每次训完话，李可妈妈都要强调这句。

"知道了。"李可无精打采地回答。只有李可知道，这句回答只是走个过场，她才不会把妈妈的话放在心上。在日积月累的交锋中，她已经找到了应对妈妈的好对策——她说她的，我做我的。妈妈的话只会擦着耳边过去，已经进不了她的耳朵。

现在，我们按事情发展顺序画一条链：李可一直考第一——李可妈妈感到骄傲，在同学会上夸海口要把女儿送到哈佛——李可爸爸唱反调，李可妈妈发誓一定做到——李可妈妈给李可施压——李可反抗——李可妈妈加强对李可的管理……

如果李可妈妈没有意识到问题，那么这条链将在之后无穷尽地反复加码、回环往复，直到绷断为止。

这么列出来，我们就清楚了。李可之所以非要考第一，之所以提前学三年后的课程，之所以要比同学多做无数习题，都是因为李可妈妈在同学面前夸下海口要"把女儿送去哈佛"，又被李可爸爸将了军，只能背水一战。但在这场战争里，没有李可完全实现不了，于是李可成了李可妈妈唯一的过河军。执着于不认输人生原则的李可妈妈为了圆自己的"大话"，只能采取非常手段"逼"李可，因为她只有一个信念：不能输！如果事与愿违，失望之余她势必更激进地"逼一逼"。

好好说话：不要让语言暴力毁掉孩子

收到学校通知的时候，苹果妈妈差点笑出声。苹果这次考得不错，总成绩提升了30多分，名次也前进了5名。这次苹果妈妈不会再为开家长会而踌躇不前了。在学校，谁的孩子分数高、名次靠前，谁就可以挺胸昂头，这是一个普遍的规则。她不禁想到了她的朋友A。

A是一名中学教师，教学成绩很好，所带的高考班一连几年都取得了很不错的成绩。A的老公在教研室，负责全区各中小学教育教学事务。夫妻二人都是教育工作者，可他们的儿子学习并不好，儿子的老师还时不时告上一状，什么上课乱动啦、随便说话啦……浑身都是毛病的儿子无疑是对他们二人成就的嘲讽。四年级期中考试，她儿子考了全班倒数第六名。拿到成绩单后，她浑身哆嗦。

为了家长会，夫妻俩有了一番对话：

"老公，明天家长会你去吧，小吴老师的母亲住院呢，我跟她调课了。"

"还是你去吧，每次都是你去。我去的话，老师不会反映真实情况。"

"别找冠冕堂皇的理由了，你只顾忌自己的面子！"

"什么顾面子？确实是我去不太好。咱们去开家长会不就是想听听孩子在学校的真实情况吗？你跟

> 有别人家的孩子，就有别人家的父母。当我们拿孩子比高下的时候，孩子们也在比较父母。他们会无师自通地关注自己失败时父母的态度，是宽容大度、安慰鼓励，还是锱铢必较、暴躁指责。这一时刻，父母的态度是他们衡量父母好不好的测试题。

第二章 出口成章还是出口成"脏"

班主任都是女同志，有些话说起来容易些。"

"别总为自己找借口，你还不是为了你那点面子？就你有面子，我就没有？！"

"别扯没用的！"

"反正我不去，丢不起人！"

第二天，果然谁也没去参加家长会。儿子的班主任打电话过来，她装出很歉疚的语气说实在太忙了，根本抽不开身。

听A讲完这件事，苹果妈妈随声附和："对，真是没法坐在那儿。"这种感觉她太熟悉了，有好几次家长会她都想叫老公去，可是苹果爸爸每天太忙了，她张不开嘴。但是这回不会了，她终于熬出了眉目，再也不用谦卑地坐在家长中间了。

"苹果这次进步很大，上课的状态也很好。"老师笑眯眯地望着苹果妈妈。

苹果妈妈有了一种轻飘飘的感觉，那种反败为胜的喜悦大概就是这样吧？她挺直后背，抻长脖子，无视四周投来的或羡慕或嫉妒的目光。事实上，未必有人关注她，全是她自己的想象。那种胜利的骄傲充斥着她的全身。

人活一张脸，树活一层皮，中国人有爱面子的习惯。但是作为父母，我们要在乎什么样的面子？孩子考分低就没有面子了？孩子不听话就没有面子了？孩子表现不好就没有面子了？我们要知道，这些不是面子，而是虚荣心。因为没能在人前被夸，因为孩子没能给自己争来荣耀，就觉得自己丢了面子，其实这都是我们的虚荣心在作祟。那么作为人父人母，面子究竟是什么？

好好说话:不要让语言暴力毁掉孩子

一提到父母,我们就会想到父爱如山、母爱如海;每每想起父亲母亲,总有许多美好的词汇涌到我们嘴边,比如"温暖""宽厚""慈祥""隐忍""无私",父母那爱抚的双手、饱含爱的眼神立刻浮现在我们眼前,让我们心中涌上一股暖意。那么我说,这才是作为父母的面子。无论何时何地何种情境,尤其在孩子面前,都不要丢掉这样一个作为父母的面子。父母的爱永远是孩子的港湾,这个爱就是要在面子上表现出来的,如果表现出的是不满、气愤、冷漠,那么孩子的心船断然会偏离父母期望的航线。

旋凯的高考成绩不理想,按正常成绩报学校,恐怕只能上个一般的高职高专,可是旋凯爸爸不想让他以后只当个一线技术工人,于是给旋凯报了个三本大学。其实旋凯爸爸不了解,国家现在急缺高级技术人才,人才市场上也呈现出技术人才就业前景看好的趋势。在他的认知里,工人总归是工人,不体面,社会层次低。他认为跟高职相比,三本毕竟是本科,以后可以通过考公务员或其他方式跨越阶层,改写命运。事实上,仅仅读了一个三本,就能敲开公务员考试的大门吗?要知道,公务员考试的竞争何止白热化,是上万人争一个名额,孩子真的能成功逆袭吗?当然,逆袭的也不是没有,但真的是少之又少。

最后,旋凯只报了一个三本院校里的营销专业。旋凯爸爸说:"无所谓,只要把毕业证拿到就行了,毕业后可以改行。"就这样,旋凯大学毕业后便按照爸爸的安排开始复习备考。然而,旋凯在高中时便散漫惯了,大学的学习氛围也不怎么浓,多年的生活习惯、思维模式都与坐下来闷头苦学那些考公课程扯不上边儿。旋凯学了几天,只觉得头大难捱,当然了,考试也是没有意外地名落孙山。

第二章 出口成章还是出口成"脏"

旋凯爸爸见规划失败，就托人在某事业单位为旋凯谋了一个外聘人员的职位，想等以后慢慢运作，想办法转成正式的在编人员。旋凯在那薪水不高、规则不少的地方工作了半年，觉得这样平淡无味的工作简直是在耗费光阴、浪费人生，于是他未与父亲商议就辞了职，加盟到一家上市集团的营销队伍中，每天都元气满满地投入紧张而充实的工作中。三个月后，因业绩突出，他得到一笔丰厚的奖金，满怀欣喜地把奖金全部花光，为爸爸妈妈买了礼物。

旋凯爸爸早就得知了旋凯辞职的消息。起初他以为旋凯不懂职场潜规则得罪了人，又以为自己所托之人出了问题，当他得知旋凯只是想按自己的想法去活，想用自己所学的营销知识去闯荡一番，立刻勃然大怒、一通吼叫。等旋凯回到家，旋凯爸爸憋了很久的怒气终于得到了痛快发泄。他拿起旋凯为他买来的价值不菲的名表摔在地上："我不要你这破玩意，不是正道来的！"旋凯一下子怔住了。他以为他用成绩来证明自己，会得到爸爸的认可，没想到爸爸会说出这么伤人的话。他心疼那只表，弯腰想要捡起来，没想到爸爸一脚踩在他手上，转身又拿起桌上夹核桃的夹子几下就把表砸了个稀碎。就在这一砸一护的撕扯中，夹子砸到了旋凯的头上，一股鲜血流下来，但是旋凯爸爸仍没停止，直到把表砸得再也无法修复为止。

旋凯抹了一把头上的血，再抹了一把眼里的

> 求同存异是一种智慧。作为家长，学会适时为孩子点赞也是一种修行。如果我们碍于经验与认知无法理解孩子的选择，那么不妨看在他小有成绩这一点上，给予认可或赞成，这或许是打破僵局的突破口。

好好说话：不要让语言暴力毁掉孩子

泪，背起包转身跑出了家，此后四年没与家里联系。第一年春节他没回家，家里人以为他还在较劲；第二年春节他没回家，亲友们都劝旋凯爸爸去找他，可是旋凯爸爸无动于衷，气急了便对着旋凯妈妈发火；第三年还没到春节，旋凯妈妈忧思成疾，卧床不起，旋凯爸爸越发暴躁；第四年，旋凯终于回来了，因为他听说妈妈已经瘫痪在床，他回来是为妈妈治病，雇保姆照顾妈妈。旋凯爸爸仍然"斗志昂扬"，几句话不顺便开骂，内容极尽羞辱："看看跟你一茬的人哪个不比你强？人家当局长的、当镇长的都走个正道，只有你，整天坑蒙拐骗、不务正业，到处赚那脏钱！""混了一圈数你最丢人，混得最差，还有脸去同学聚会？！丢人！""我的脸都让你丢光了，我这一生的荣誉全让你给败坏了！"此时的旋凯已经累了，他不想再去证明自己来求得父亲的认可，更不想对父亲讲他已取得的同学圈里人人称美的成就。如果他告诉父亲，父亲嘴里的局长镇长现在都上赶着结交他，恐怕父亲会说出更难听的话。他觉得自己与父亲根本不是一个星球的人。

子承父业常常被误用为子承父愿。太多孩子从出生那天起就被赋予了使命，仿佛他们只是为完成父母的愿望而出生的，是作为工具人来到世上的，就是不能成为他自己。父母没有过的或者丢失的"东西"，一定要孩子去找回来，找不回来就是对不起父母的付出与培养，父母便会失望；或者盲目地认为自己的孩子就是天才、神童，一次一次地用天才、神童的标准衡量孩子的每一次得失成败……这样的父母忽略了一个残酷的现实问题：其实，你的孩子就是一个普普通通的智商不超常的人。

第二章　出口成章还是出口成"脏"

五、焦虑不安乌鸦嘴

因为小学基础差，荣昊上初中后一直徘徊在班里后十几名，由外地转来的鲁然跟他不相上下。两家正好租住在同一个小区，二人便总是一同上学一同放学。渐渐地，人们都认为他俩是一对好朋友，而相差无几的学习水平更让人们确认了物以类聚、人以群分这个道理。其实二人都在努力适应新环境，努力摆脱小学教学资源差导致的自身基础差这个处境。

这所初中是新建的，他们是第一届学生，而生源主要以外来居民为主，因此也有人称这所学校为打工子弟学校。这所学校不像原有的其他几所初中，都有固定的学区生源，学生家长也大多都有稳定职业。为了解这届学生的学业水平，学校对新生进行了一次摸底考试，以便根据具体情况制定教学方案。结果出来，学生的学业水平参差不齐，成绩好的几乎可以达到最好的中学尖子班学生的水平，而成绩差的也是全市最差的。

荣昊和鲁然的水平居中下等，接下来的大大小小的考试，二人都相差不多。鲁然的妈妈习惯了拿二人对比，每次考试回来都会问荣昊这次考几名，听到二人差不多，也就不会再多说什么。鲁然妈妈平时忙着赚钱养家，顾不上给鲁然太多的关心，又害怕他一个人去网吧学坏，便为他报了几个课外辅导班，一方面约束鲁然别乱跑，一方面希望他在辅导班里多多少少学点东西。尤其听说荣昊什么辅导班也没报，放学就回家帮妈妈干家务之后，鲁然妈妈又有了一点隐隐的希望：总有一天，鲁然会甩开荣昊一条街，摆脱差生的帽子，与荣昊拉开距离。许多时候，人的优越感与自信都是从与不

好好说话：不要让语言暴力毁掉孩子

如自己的人进行比较得来的。

到下学期时，二人真的逐渐拉开了差距。荣昊的成绩一点一点上升，眼看就快进入班级前二十名了。对于荣昊一开始的小幅提升，鲁然妈妈没当回事儿，两三个月过后，听说荣昊考了十几名，而鲁然仍然在三十几名停滞，她不由得焦虑起来，因为二人同进同出、名次相近的局面被打破了。于是，鲁然妈妈开始督促鲁然学习。因为没时间陪他，鲁然妈妈又为他加报了两个科目的辅导班。一个月过后，月考成绩出来了，鲁然的名次仍然没什么变化，而荣昊仍然在十几名。鲁然妈妈气愤地戳着鲁然的脑袋骂："你这个孩子要完！""你花那么多钱去辅导班还考不过人家没上辅导班的？你咋那么笨！""我看你是要完！"

从那以后，"你这个孩子要完"这句话就成了鲁然妈妈的口头禅。开始时鲁然觉得愧疚难当，还想再努力一下，因为他不想"完"。后来越来越习惯了这句话，当妈妈再说的时候，他就当作耳边风了，因为不论他如何努力妈妈都看不到，有微小的进步妈妈也看不到，妈妈只看他与荣昊的名次差距。"你这个孩子要完"就像一句诅咒，二人间的差距越来越大，不是荣昊上升得多突出，而是鲁然下降了，到初三时，他已经退步到五十名了。鲁然妈妈的"乌鸦嘴"使诅咒变成了现实。

相比较而言，荣昊的进步也是因为妈妈的语

一直不相上下的伙伴要单飞，固定的平衡被打破，轻微的变动势必会引起孩子内心慌乱。如果是单纯的改变，谁都有调整适应的能力，但如果是基于本质上的差异而产生的分开，那么被"甩"下的孩子就会乱了方寸并失去调整的能力。这时，外人的态度会将慌乱者推向两个方向，正向的引导会督促他以对方为范例奋起直追，重新找回平衡，负向的指责则会将他推向自卑与自弃。

第二章 出口成章还是出口成"脏"

言。妈妈看了第一次摸底考试的名次表后，说："这代表不了什么，只能说明你原来的学校与这里的教学不一样。没关系，一切重新开始。"接下来的考试，只要荣昊有些小小的进步，荣昊妈妈都会欣喜地给他一个拥抱："祝贺你的进步！咱们吃点好吃的！"进入前十几名之后，有一次考试失利，荣昊跌出了二十名，他很郁闷，也担心妈妈失望生气，回到家不敢说话，也不敢提考试成绩的事。荣昊妈妈见他情绪不好，猜到了原因，便要过成绩表仔仔细细地看起来，好长时间之后面露喜色："荣昊，你进步了呀！"荣昊懵了：明明名次下降了，妈妈怎么会这么说呢？妈妈郑重地说："你看，虽然这次名次下降了，可是英语比上次提升了十多分，语文也突破了100分。这是你以前从没有过的成绩呀，一科一科地来比较，你确实进步了。不要总盯着总分和名次，这只是阶段调整，看名次和总成绩没有意义。看排名你好像是下降了，可实际在一点一点进步的。这可能是因为你这段时间把精力用在英语和语文上多了一些，下个月可以着重去提升数学或物理等别的科目，这样每个月主攻一两科，期末考试肯定你有大惊喜！"

听妈妈这样一分析，再想想这一个月的学习状况，荣昊觉得还真有道理。他释然了，也不再纠结了，决定就按妈妈说的，下个月主攻数学、物理去。

荣昊妈妈把荣昊偶然的考试失利说成阶段性调整，既疏导了荣昊的坏情绪，避免了坏情绪带来的一系列不良后果，又适时传授了荣昊接下来的学习方法，没有指责，没有失望，没有讽刺，不动声色地处理了荣昊的情绪与心理危机。这番操作赢得了荣昊的信任，保持了亲子间的顺畅沟通，使得荣昊妈妈能够及时知晓荣昊的成长

好好说话：不要让语言暴力毁掉孩子

变化，使亲子沟通一直处于良好、健康的状态中。而鲁然妈妈则是背道而驰。她没有注意到鲁然因为成绩一直没有提升而产生的懊丧情绪，反而焦虑不安、自乱阵脚，并在这种坏情绪作用下为鲁然下了判词，造成鲁然更深的伤害。这种心理伤害超越了成绩原地不前导致的灰心丧气，直接触动到根本，触及鲁然内心深处的自尊。对这个对于父母仍然存有尊崇、依赖之心的青少年来说，这种伤害是摧毁性的打击，被打击、摧毁的是鲁然的上进心、自信心，如果后续没有追加的挽回性治疗，鲁然很容易就此自暴自弃。

4月20日的考试结束之后，黎欣的情绪一直失控。这是高考前最后一次阶段考，也是与高考最接近的模拟考，黎欣却考了高中三年以来最差的成绩。各科老师在讲台上分析试卷，每讲一道题，她都觉得老师话里话外全是对她的讽刺。三年以来，她始终稳居班级第一，马上就是冲刺撞绳的最后几步了，她却怂了，似乎啪的一下摔了个大跟头，还是爬不起来那种巨大的跟头。她觉得周围全是幸灾乐祸的眼神，她烦躁得似乎马上要爆炸了。无论吃饭、睡觉、课间活动，她都绷着一张苦大仇深的脸不理人，如果有人跟她打声招呼、开个玩笑，她立刻不留情面地怼回去，最后，所有人都远远地躲着她。这样的情况一直持续到五一假期。在黎欣的人生中，她的时间是按秒算的，每分每秒都划分了任务，每一分钟都不可以浪费，都要有学习收获。然而从4月20日到五一，近十天的时间，她一直处于焦虑不安与暴躁中，浑浑噩噩，大脑一片空白，三年里学的东西似乎在这几天跑得无影无踪了。想想一个月后的高考，她认为"失忆"的自己恐怕只能交白卷了，她愈发无所适从、惶惑不安。这一天，当父亲开着他那破旧的箱货车来接她时，她终于找到了情绪

第二章　出口成章还是出口成"脏"

垃圾桶。

"你能不能离学校门口远一点？混了大半辈子就混这么个破箱货车，还好意思往学校门口凑？！"

爸爸一怔，讨好地问："丫头怎么了？不开心？谁惹你了？"

"谁都惹我了，你这个丢人的爸爸！不求上进，傻吃愣混，这辈子就这点出息，连累我也诸事不顺、一事无成！"

爸爸眨巴眨巴眼睛，终于明白了：孩子因为考试不理想还在生气呢。孩子这三年拼了命地学习，付出了比同龄人多得多的辛苦，他看在眼里疼在心里，可是眼瞅着高考了，这最后一把出现了要脱把的苗头，他也有十二万分的不甘心。他一直以为稳居班级第一的女儿肯定能考上985大学的，没想到如今出了这样一个状况，再想想自己小学、初中时都是尖子生，到了高中不知道怎么回事却成了差等生，后来补习一年也没考上大学，他就把这归结为遗传基因，可能他们家就是这根儿，越大越没后劲。

他心有不甘地问黎欣："这样的成绩能上985吗？"女儿没好气地回："不能！""那211呢？"女儿又回："不能！""那，普通大学咱怎么也能选个好专业吧？""不能不能不能！"黎欣瞪圆了眼盯着他，满眼都是怒火。

他没意识到这是女儿情绪失控下的发作，只当女儿说的这不能那不能是真的，他一下子慌了，内

> 情绪放大是情绪失控的前站。一个小小的甚至不经意的触点可能会使人将情绪完全释放，甚至刻意放大，以达到尽情宣泄的目的。这时候，就需要一个足够容量的情绪接收桶，而这个接收桶决定着情绪的流向。情绪的安置如洪水一样，在疏不在堵。

好好说话：不要让语言暴力毁掉孩子

心产生了巨大的落差。之前他只是认为女儿可能不能如愿以偿，这下由女儿亲口证实了，他觉得胸腔里一下子空了，恐慌不已。但他知道不能让女儿再愤怒下去，于是试图开导女儿："条条大路通罗马，别说这只是一次小小考试，就是真的高考咱没考好又能咋样？世间的路不只考大学这一条，老爸我没上大学，现在不是一样养家养你，一样有吃有穿有房，咱也没受穷，也没乞讨。"

黎欣打断了爸爸的话，大声尖叫："你想让我跟你一样活成这副德性？！你瞅瞅你这底层蝼蚁的卑微样，见了人就点头哈腰，要多丑有多丑！"

"这叫啥卑微？网上有句话说'别人尊敬你不是因为你优秀，而是别人优秀'，我就是那个'而是'。再说，为了生意，为了生存，适度向人低头有什么可耻的。"

"就是可耻！活得这么低微，还不如死了！"黎欣更气了。原本这次考试她只是一次失利，距自己的目标大学有些危险，但仍然排在全校前七名，还是可以考上不错的大学的。没想到爸爸会出这样的"馊主意"，估计他是认为自己连个普通大学都考不上了，就来了这么一套随遇而安、不求上进、"佛系"的说辞。这么没有上进心、自尊心的爸爸怎么跟她一点都不像呢，她简直怀疑自己是不是亲生的。她不屑搭理这种没有思想的"燕雀"，只是狠狠地说："你以后接我别靠学校太

放一放，让时间抹平一切。这个道理我们好像都懂，可在实际操作中，我们却常常不会应用。一个情绪有起始—酝酿—爆发—回落—平复的过程，如果一味纠结于已经发生且无法改变的事，等于揪着情绪不放。黎欣期望一鸣惊人是引发她情绪的源点，如果父亲将这源点忽略、置之不理，黎欣的情绪便会相应消退。劝解、安慰的技巧在于要把自己置于旁观的位置，而不是将自己搅进去。劝慰者要看清对方情绪背后的渴求，所谓的越劝越乱其实是站错了位置的安抚。

第二章 出口成章还是出口成"脏"

近,把你这破车藏好,不要让人看见,给我丢人!"

退而求其次是许多人在失败面前的选择,其实这也是焦虑情绪下一个不理智的解决方式。黎欣爸爸不能正确处理自己的焦虑不安与恐慌,积于多年愿望眼看着要失望这种情绪落差,他没有想到去关注黎欣的情绪变化,没有想到用切实的方法对黎欣进行情绪疏导,反而用"最差不过如何如何……"这种所谓"佛系"的观点去安抚黎欣,黎欣当然不会接受。黎欣的真实情况并不像她所表现的那么糟,仅仅是一次考试失利,还有一个月的时间可以扭转,她只是因为担心自己的目标不能实现而一时恐慌,她的焦虑和烦躁只是因为始终不能摆脱不安,尽快地进入正常的学习状态中去。可黎欣爸爸直接来了个退而求其次,俨然一副接受"现实"、放弃目标的姿态,这哪里是安慰,分明是"见人上吊还踢掉凳子"的操作。当然了,黎欣对父亲这样的恶语相向,缺少应有的尊重,绝不能效仿。

六、怨,一把锋利的软剑

我家隔壁住着一位半留守女人和她的一对儿女。说半留守是因为她男人不常在家,一个月只回来两三次。她的女儿刚刚三岁,虽说上了幼儿园,多半还是在家里。她的儿子一周岁左右,刚刚断奶。因为隔音效果不好,她家那边一旦声音高了我这边就能听清楚。

抛开他们夫妻之间的沟通,她几乎每天睁开眼便对着儿女开骂,哪怕是让孩子吃饭、喝水、大小便,也是吼叫声中夹杂着污言秽语。我有时候非常纳闷,她既然这么不耐烦,既然这么不喜不爱又没有耐心,何必非要生二胎呢?只是为了命中有子、传宗接代吗?

好好说话：不要让语言暴力毁掉孩子

在我的家长课堂上，第一课我就会请大家思考一个问题：我们为什么要孩子？答案无非以下几种：结婚了就得要孩子呀，没有孩子的家庭是不完整的；孩子是我们爱情的结晶，是相爱的见证；孩子能给我们的生活带来新希望；孩子是我们生命的延续。而那些要二胎的，原因几乎相同：一个孩子太孤单了，再要一个是为了跟他做伴，等将来我们走了，他们就是世界上最亲的人，能相互照顾。所有的答案都说明了一个问题：不论我们要一个孩子还是两个孩子，都不是孩子的意愿。当然，我们是有了要孩子的意愿才决定造人的，是先有意愿后造人的。也就是说，这个孩子肩负着使命而来，他是来帮我们完成愿望的，那么，他顺利出生，这个愿望也就达成了。

网上有一个温暖的段子感染了很多人。妈妈问孩子："你在成为我的孩子之前在天上做什么？"孩子回答："我在选妈妈呀。"所以，今生能成为母子、父子、父女、母女，这是上天赐予的缘分，我们要做的只有珍惜。可事实并非如此。隔壁的女人虽然已经是两个孩子的妈妈，可是她并不知道做妈妈的意义。直接一点说就是，她只是做了生理意义上的妈妈，而对做社会意义上的妈妈还一窍不通。

隔壁女人的生活是这样的：每天早上六点起床开始做早饭，同时吼叫孩子起床、洗脸、上厕所、吃饭，而且她的吼叫历来夹杂着恶骂，骂声以孩子的血奶奶、瞎奶奶为主，谓语都是一个"操"字，同时还有"整死你""弄死你"之类的。大约吃完饭之后，孩子们开始玩耍，她的吼声又会时不时响起来。有时候孩子还会被扔到门外哭上一阵子，不住地哀求"妈妈，我再也不敢了"……我从没听到她为孩子讲故事、放儿歌，或者跟孩子做游戏……不吼叫的时

第二章　出口成章还是出口成"脏"

候,她就煲电话粥,中间还会吼孩子们小点声,让孩子们闭嘴。

她的职责内容大约如此:给孩子们做饭、穿衣,看着他们别乱跑,其他就没有了。而仅仅这些内容,她还毫无耐心,粗陋无比。一旦在楼下遇到邻里,她马上笑容可掬,要是听到邻居们称赞她命好、儿女双全时更会笑开了花。她把温柔给了外人,把暴戾给了一对儿女。

她的孩子都瘦瘦小小的。每天在吼叫声中吃饭、大小便,玩耍时也胆战心惊,怎么能胖起来呢?在与人聊起带孩子时,她说得最多的是孩子不爱吃饭,人们建议她给孩子吃点开胃药什么的,她摇头说不见效。那么,她孩子的厌食情绪由何而来?愉快的一餐能够给人留下美妙的回忆,而在她儿女的记忆里,恐怕每一碗饭菜都伴随着她的吼叫与谩骂吧。

一个寂静的午后,她的女儿突然大哭着被扔出门外。女孩没有哀求,只是一直哭一直哭。过了一会儿,她开门了:"说,你会不会好好说话?会不会好好说话?"

女孩哭声放低了,没有回答。

她的嗓音越来越高:"你那是骂谁?你能不能跟弟弟好好说话?能不能好好说话?!"

女孩仍然低声哭着不回答。或者在她的认知里,她根本不知道怎么样说话是好好说话,怎么样是不好好说话。她的世界里只有妈妈、弟弟和偶尔回家一次的爸爸,弟弟还不会说几个字,跟她说话的主要是妈妈,她能学到的也只有"妈妈的说话"。

在我所接触的幼儿家长中,像她这样不懂如何做妈妈的不多。有许多年轻的夫妻,结婚不久准备孕育孩子时就开始学习家庭教育

好好说话：不要让语言暴力毁掉孩子

了。孕育手册中也有一部分初为人父人母的教育指南，但凡她曾经稍稍看一看婚姻登记处给的这本书，也不至于如此歇斯底里。

引导孩子吃饭这样一件简单的事情，吼叫只能让孩子越来越磨蹭、越来越厌食。原本一个温柔有趣的小故事、一段欢快的儿歌、一句赞美的话就可以解决的事，她却耗着气力扯着嗓子吼骂，结果当然是两败俱伤。

这个妈妈为何如此多的戾气？她每天的骂语并非因为孩子的磨蹭、不听话、不乖，她所有恶语的指向均是婆家人，因此，她的怨气、怒气无疑来自男人一方。她是专职的家庭妇女，她男人只负责赚钱养家。男人大约是做生意的，总是几天才回来一次，这中间只有她一人带着两个孩子。累是不用说的，没有人替换，没有人帮忙，凡是独自带过孩子的妈妈都有过这种体会，那种无处宣泄的烦躁不能言说。男人回来后要是能给予体谅和安慰还好，要是来一句"你整天啥也不干，连个孩子也带不好"，就更让人炸裂了。想要改变现状，她除了自我改变，没有他方。她可以跟丈夫商量，请有带孩子经验的亲属或者保姆来分担。她需要把自己适当解放出来，变成智慧型的育儿妈妈，用图书、故事、游戏填充孩子的成长过程，这样才有利于改善家里的气氛，培养女儿的担当意识，让她力所能及地分担一些照顾弟弟的任务。而这一切的前提，是她的语言要温柔起来、文明起来。

第二章 出口成章还是出口成"脏"

七、悔，恨，阴阳怪气

我们总说，人最难能可贵的是换位思考。而越来越多的人把"换位思考"当成了口头语，就像许多古语那样，只是用着顺手，却从未深思过其内涵。其实，换位思考是很难很难的一件事。无论遇到什么事，人们的第一反应都是从自身出发，先想到的是自身利益得失、自我感受，再根据这一感受去衡量别人的对错。这种情绪反映的结果就是多半错都在别人。然而，对方也是同样的思考套路、同样的委屈，这时候就看谁更强势了，谁强谁就是"吃亏"的那个人。这个"亏"是用强势上风争来的，是用包裹着悔、恨、忏悔的外衣强势地打压对方。这在亲子关系中非常常见。

"我恨我自己，为什么那么傻，为不值得的人付出！""我恨我自己，为什么一次次相信你会改掉说谎的毛病！""我恨我牺牲了自己的事业来陪你，到头来却被你坑得一无所有！"

以"我恨"开头，实打实的却是指责、指证、讨伐。

小天妈妈在年近60岁时失去了房子。在她住院期间，她的儿子私自把房子卖掉，却不是为她交治疗费，而是拿着钱消失了，以致她走出医院却无家可归，只得在朋友的帮助下匆匆租了一间公寓。

因为刚做了手术，她需要休养，需要人照顾，朋友们建议她把儿子叫回来，但她却支支吾吾说不清儿子在哪儿，一会儿说在北京，一会儿说在上海，一会儿说在某外企上班，一会儿又说在某大学校园里开店……

相识几十年的朋友们确定他们是亲母子，可为什么母亲对儿子

好好说话:不要让语言暴力毁掉孩子

的行踪如此不知情,儿子又为何对自己的母亲如此冷漠?

原来,小天爸爸三十几岁时因病去世了,从那时候起,小天妈妈就与儿子相依为命。其实小天妈妈的娘家背景不错,父母都是上过学的人,后来又在政府部门任职,她们姐妹三人从小受到很好的家庭熏陶。她是长女,上到中学就停学接班工作了,而两个妹妹都考上了国内的重点大学,毕业后留校成了大学教授。她坚信自己的儿子是优秀进取、奋发向上的,像她的妹妹一样有着远大的目标,凭着自家优良的遗传基因,她那搁浅的愿望一定会在儿子身上实现。她时常把家族的优势讲给儿子听,并不断拿两个妹妹当年的出色为儿子立榜样,平时也注重与妹妹们交流,打听妹妹的孩子们的成长情况。得知两个外甥都非常出色,轻松考取了当地重点中学,她便以此鼓励儿子:"你可不能掉队,不能被表弟表妹落下。我们这一代有了差距,到你这里一定要追回来!"

丈夫去世时儿子正在上初中,正处在懵懵懂懂的青春期。一天,儿子跟她要钱,说要去补英语,她非常高兴。作为一家国企的出纳,她的工资并不高,但她仍然非常痛快地把钱给了儿子。从小到大,儿子的学习成绩都一般,只能算是中等生,她想,可能是因为没了父亲,儿子懂事了,自己的说教也激发了他的上进心。

> 我们若对生活不认真,生活必回报我们马马虎虎;我们若对义务不担当,我们的孩子肯定永远也学不会担当。

第二章　出口成章还是出口成"脏"

一周之后，儿子又来要钱，说物理也跟不上，也要补，她给了钱。

一周之后，儿子说数学也要补，她又给了钱。

一周之后，儿子说英语补课要续费，她有些撑不住了。这样下去的话，她一个月的工资半个月就光了。于是她问儿子补课班在哪里，她去跟老师讲讲价。儿子说都是学校里的老师，在老师家里，她犹豫了。如果是校外办的补课班，她可以毫无顾虑地去讲讲价，毕竟那也是生意，可是校内的老师补课……在学校，儿子由这些老师教着管着，别说补课，就是其他任何理由让交钱，她也得交呀。这么想着，她咬咬牙把钱给了孩子，期待期中考试儿子的成绩能有提升。

期中考试之后，儿子说在班里排名进了前十。这是儿子自上学以来最好的成绩，看来补课的效果还真好，她惊喜异常，仿佛一下子扬眉吐气了。之前，因为没了丈夫，她总是有些底气不足，而儿子一直也不出色，不只学习成绩，别的方面也平平淡淡，所以在单位同事面前，她总有些抬不起头来。身在大型国企，同事们的孩子大都送到子弟小学，彼此也熟悉，平时总是听见别人说自己的孩子得了这个奖得了那个奖，她内心既羡慕又嫉妒，这回总算可以抬起头大大方方地夸耀了。然而当她说起儿子的进步时，同事们并没有露出羡慕、嫉妒的神情，反而感觉有些诧异。

> 这世上根本没有躺赢。即使具有先天的基因也需要后天的利用与激发，否则，再优良的基因也只是货架上的名牌商品，虽有可观的标价，却永远摆在那里，没有实现与它的价格相应价值的机会。

好好说话：不要让语言暴力毁掉孩子

但是她并没有多想，总是跟小天说本省的大学没劲，不如不念，要考就往北京考，其他地方不能去。这是她为儿子设定的目标，几乎每天都要强调一下这个目标，督促小天。小天也不吭声，只是乖顺地回答"嗯"。

带着这样的憧憬和自信，转眼，儿子上高三了。小天妈妈开始跟在北京某大学任教的妹妹探讨小天报哪所大学、学什么专业的问题。当然，又把小天的出色向妹妹炫耀了一番。

小天仍然每天放了学便去补课，很晚才回来，补课费也越交越多。小天妈妈咬着牙，省吃俭用地挤出钱为小天交补课费，而她每天只是买些被人挑剩下的便宜菜吃。

高考成绩出来了，小天只考了200多分。这个成绩别说报本科，报高职恐怕也选不上好的学校。小天妈妈认为凭她的优良基因，小天闭着眼也能考个二本，考成这样肯定是哪里出了错。她找到班主任想了解情况，但到了学校才知道，小天从高二开始就不太上学了，整天泡在网吧里，学校多次劝导未果，见他总是有大笔的钱充游戏币，便认为他的家长是那种有钱任性型的，又因面临高考，老师们便不再把精力浪费在小天身上了。

"我好恨，"小天妈妈开始追本溯源，不停重复着平时对小天吐槽的那些内容，"我好恨我嫁给了你爸这个没文化没素质的土包子，我好悔我没有禁得

> 当我们抱怨命运玩弄我们的时候，先想想我们是如何玩弄命运的。

第二章 出口成章还是出口成"脏"

起别人的撺掇匆匆忙忙成了家,找了这么一个没素质的家庭,任我强大的基因也没能挽救儿子。""我好后悔没有跟着妹妹们离开这个落后的地方,又嫁了这么个落后的家庭,把我家优秀的基因都毁掉了。"

自小到大,小天听得最多的就是这些,他多想得到妈妈的认可,配得上妈妈那"优秀的基因"。可是自从父亲走后,妈妈为了多挣几个钱,几乎不怎么在家,白天在单位,晚上加班到很晚才回来,一日三餐都是他自己在对付。有时候想起家里还有他这个儿子,妈妈就顺路买两个包子打发他,他感觉就像在打发一条狗。不,他还不如狗,因为妈妈养了一条狗,一有时间就像珍宝一样抱在怀里,走到哪儿抱到哪儿,狗跟着她,走到哪儿饭就蹭到哪儿,吃得比他都好。有一个阶段,小天想着自己能像狗那样就好了。

见不到妈妈,他就去找妈妈。一天他又去了妈妈单位,妈妈正好出去办事了,他待着无聊,就拉开妈妈办公桌的抽屉,看到里面有许多钱。他眼前一亮,迅速拿了几张,跑出去买了油饼、鸡腿这些他梦中才有的美食。当然,这事很快就被妈妈发现了,妈妈把近一个月的工资都补了进去,不然就会按挪用公款受处分了。小天偷拿钱的事很快在妈妈单位传开,小天妈妈又开始"好恨……""好恨……",对小天爸爸家族的鄙视与厌弃更甚了。一次

> 当我们选择闭目塞听的时候,生活必然为我们关闭视听之门。

好好说话：不要让语言暴力毁掉孩子

又一次的讽刺、咒骂使得小天暗暗告诫自己：爸爸的家族绝不是这么低劣的，他要证明爸爸家族的血统没有妈妈说得那么不堪。为了挽回妈妈的面子，他提出去补课班补课，小天妈妈自然很支持，然而去了两天，小天发现自己的差距不是补课能找回来的。他无助又无望，但又不能不补，他能想到的让妈妈减轻"好恨"的方法就是做出努力的样子。可坐在课堂上如听天书，小天只坐了两天就溜到了不远的网吧，在这里找到了归属感。从那以后，小天每天打着补课的幌子混迹在网吧里，游戏越玩越高级，买币的数额越来越大，最后发展到撒谎骗钱玩游戏。

高考之后，小天妈妈委托妹妹给小天找了一个与妹妹的学校有点关联的私立大学，亲友们都知道她纯属自欺欺人，但是已经对她无语，每当她做出自豪的样子在人前吹嘘小天上的是北京的名牌大学时，人们都选择转移话题。

等到小天毕业后，那个不被认可的假文凭不仅不能帮他找到工作，还一次次受到嘲讽。小天不愿意再回家，因为他一回家面对的肯定又是妈妈的"好恨……"和亲友们鄙视的目光。他想做点大事证明自己，让那些跟妈妈一样阴阳怪气的人不再看轻他，可是他被拉入一个传销组织却不自知，以为终于有了机遇，便在妈妈住院期间毫不犹豫地把房子卖掉投入传销中了。

悔恨、抱怨、阴阳怪气，会弄得孩子晕头转向、六神无主。在孩子成长的路上，家长要么成为一个不错的引路人，要么做一个有力的依靠与支持者。家长的信念之锚一旦置错，就会因为孩子不如己意而产生一系列行为，更谈不上换位到孩子角度去看待问题，只会一味地表达自己的失落与不满。而孩子想得到家长的认可，想成为"别人家的孩子",但没人告诉他该怎么做,那个本应该告诉他该怎么做的人只会说些怨天尤人的,让他产生罪恶感、无力感的话,掏空他对父母原本的亲情与信任,最终不明所以地陷入愧疚与迷茫中。

第二节 做情绪的主人

美国情绪管理专家罗纳德博士曾说过:研究表明,暴风雨般的愤怒持续时间往往不超过12秒,发作时摧毁一切,过后却风平浪静。控制好这12秒,就能排解负面情绪。

12秒决定人生悲喜。只是12秒,你可能成为情绪的奴隶,也可能成为情绪的主人。

德国著名化学家奥斯特瓦尔德因牙病疼痛难忍,情绪很坏。他拿起一位不知名的青年寄来的稿件粗粗看了一下,顺手就把这篇论文丢进了纸篓。等他的牙痛好了之后,心情也变得愉快起来,他从纸篓里把稿件拣出来重读一遍,发现这篇论文很有科学价值。他将论文推荐给一家知名杂志发表后,轰动了学术界,论文的作者因此获得了诺贝尔奖。

事实上,情绪的好和坏与我们的心态、想法密不可分,这就是心理学中的情绪定律。情绪定律就是指大多数人都容易受到情绪的影响,一件事在别人眼中是悲哀的,在我们眼中也许就是喜乐的,关键是自己怎么想。

2018年,重庆发生过一起悲剧。一对小夫妻不知道因为什么事吵了起来,两人越吵越凶,妻子气冲冲准备开车离开,丈夫追上去

好好说话：不要让语言暴力毁掉孩子

拦在车前，两人又争执了好久，谁都不肯让步。后来妻子发动了汽车，丈夫张开双臂用身体挡住车不让其离开。剑拔弩张的情势下，不知道妻子说了句什么，丈夫猛烈捶打起挡风玻璃，然后，汽车突然加速了。随着咣的一声，车前的丈夫重重地飞出去摔到地上，后脑勺着了地。等120救护车赶到的时候，丈夫已经没有了生命体征。事后，妻子被带到警察局，嘴里一直念叨着一句话："如果当初不那么生气就好了……"虽然这样的极端事件并不多见，但在生活中我们却不乏和她相似的情绪失控瞬间，一旦情绪被点燃，血压瞬间飙升，脑子一片空白，甚至失去语言表达能力，只想用尽全力把这股摧毁一切的力量发泄出来……

一、愤怒时适时沉默

"品正在学校打架了，请你来一下。"品正爸爸正在谈生意时接到了儿子老师的电话，他不得不中止正在进行的谈判。他带着情绪一路开车奔到学校，跑进教导主任办公室，见儿子浑身是泥，旁边跟他打架的同学也同样。他觉得十分丢脸，一是因为这种不好的事被叫到学校，刚刚在公司接电话时无疑被商业伙伴听见了；二是品正那狼狈的形象实在很丢人。他气呼呼地冲过去想给品正一个耳光，被教导主任一把拦住了："回家再教训儿子吧，先把事情解决了。"品正爸爸只好客气地朝教导主任点点头。

接下来，教导主任并没有对两个孩子进行盘问，而是慢悠悠地整理桌上的笔记本、墨水，又拿块抹布细细地擦了一遍。直到把桌上的东西全收拾了一遍，才抬起头让品正和那个同学说一说事情的经过。而品正爸爸此时也平静下来，耐心听两个孩子讲述。

第二章 出口成章还是出口成"脏"

原来品正的同桌说昨天看到南非有一种有趣的球赛，叫泥泞球赛，就是在泥浆里进行夺球比赛，他突发奇想，想跟品正玩一玩，品正也觉得很有趣就答应了。下午活动课时，两个孩子来到操场西南一角，那里有几个练习跳远的方坑，里面全是沙土。两个人弄来水，把沙土和成泥，然后一人站在一个坑里抛球玩，结果玩着玩着就混到了一个坑里，抢着抢着就恼了，你往我脸上抹一把泥，我往你身上抹一把泥，最后就滚在泥里撕扯起来。

品正爸爸听了事情的前因后果不禁放松下来：原来只是小孩子一起玩游戏，玩着玩着玩不起就打了起来。两人上午像仇人一样见面眼红，下午可能就成了勾肩搭背的好朋友，这在孩子的成长过程中司空见惯。两个人只是做游戏，谁也没受伤，不算什么大事，更上升不到打架。于是品正爸爸对两个孩子说："瞧你们跟非洲野猪洗泥澡似的，脏死了，快回去洗澡。"

两个孩子嘿嘿一笑，冰释前嫌。在讲述经过的过程中，他们的情绪也由最开始的怒目相向、誓要争个你死我活慢慢平稳下来，再听品正爸爸这么轻描淡写地描述，不良情绪即刻烟消云散了。

品正爸爸在情绪失控的前一刻被教导主任制止，情绪爆发被按了暂停键，倒计时12秒，听两个孩子讲述事情经过。在听的过程中，他的情绪慢慢消散，理智回归，正确地分析了事件的性质，给出了解决意见。品正和同桌因玩而恼，情绪的纠结点可能只是"你多抹了我一把泥，我得抹回来"，而讲述事情经过的过程也是重新梳理情绪的过程，事情讲完，他们也回到了事情的初始。原本只是一个很刺激、很开心的游戏，却因为各自的小心眼闹了不愉快，当他们各自找到了情绪原点，也就释然了。

好好说话：不要让语言暴力毁掉孩子

二、纠正认知的偏差

前面提到的李可妈妈，小时候各方面都很出色，一直是三好学生。在这方面，李可遗传了她的优良基因，轻轻松松稳居全班第一名。李可妈妈小时候的一次经历是她严格要求自己的根源，也因此，她才一直要求李可做第一。

那一年，她三年级，学校从各年级选拔前四名去区里参加科目竞赛，由于她每科成绩都很好，学校安排她参加了全科竞赛。一向没掉出前三名的她信心十足地去参加了竞赛，回来后，同学们都问她竞赛的题难不难、情况如何，她轻描淡写地说："比咱们平时考试还简单。"好多同学表现出不甘心的表情。

赛后，老师把竞赛题拿回来给其他同学做，的确，全班有三分之一同学都答了90分以上。这么一来，她更有信心夺冠了。果然，半个月后，老师带着她和另一名男生去领奖，其他两名没考好，无缘奖项，而同时得奖的男生只得了数学单科奖，只有她全科得奖了。这次竞赛名次取前六名，除一二三名，四五六名是优秀奖。

颁奖的是区教育局的领导，而奖品摆在前台上，是一摞笔记本。一等奖笔记本比较精美，硬硬的壳，侧面带锁；二等奖稍差一些，只是精美的硬壳本，没有锁；三等奖是塑料膜的笔记本，比较厚，里面间隔着彩色的风景画；优秀奖是普通的塑料膜笔记本，封皮上只有一个图案。

李可妈妈坐在台下，看到教育局的领导拿起带锁的精美笔记本打开，立刻做好了站起来上台的准备，可是颁奖的领导说出的是一

第二章 出口成章还是出口成"脏"

个陌生的名字,不是她。她有些难过,不过很快把希望寄托在第二名上。颁奖的领导拿起硬壳无锁的笔记本打开,她再次做好起身的姿势屏息静听,仍然是陌生的名字,不是她。这次她没有调整姿势,因为她深信凭自己的能力不可能考到三名之外,可是颁奖的领导拿起有彩色风景画的笔记本打开,念出的还是陌生的名字。

她倒向椅子背,眼前一片黑,一时之间不知道自己身在何处,直到妈妈推她才醒悟过来。

"君君,该上台领奖了。"妈妈说。

另两名同学已经站在台上,她机械地站起来,一步步走上领奖台。她的眼泪悄悄地流下来,顺着嘴角滑进嘴里,咸而苦涩。她的眼前模糊不清,她不知道自己是怎样接过奖品、怎样走下台的。

不知道过了多久,礼堂里只剩下她和妈妈。妈妈蹲在她面前,扳着她的肩头,说:"君君,不要难过,这100多人全是各个学校的尖子生,你能考进第五名,已经很棒了。你一定要知道,偶尔的失败不是坏事,人只有经历了失败才能一点一点强大起来。"

"可是我想考第一。"

妈妈替她擦去眼泪,微笑着说:"真正的第一是既会赢也会输。从失败中走出来再成功,才是真正的第一。失败是成功的阶梯,有强大的心迎接失败,才会站稳第一。每一次失败其实都是在提示你

> 励志是什么?是磨砺心志,磨砺意志。有太多人把励志理解错了、弄偏了,以为那些站在成功台上的高光时刻才是励志的中心点,而那些成功者却告诉我们,人在最失意、最低谷时的表现才是心志的高光时刻。

好好说话：不要让语言暴力毁掉孩子

发现自己的缺点与不足，然后把不足补齐，这样才能取得真正的第一。"

年仅10岁的李可妈妈当时并没有完全理解这番话，但她听妈妈说完这些，心情好了许多，还对自己的考试状态做了个小结："我考试时好紧张，我以为竞赛的题肯定很难，而且来的全是各个学校的尖子生，我真的压力好大。没想到竞赛题并不像想象的那么难。"

"经过这次竞赛，以后不管多么严峻的考试你都不会紧张了。那个考第一的孩子也许还意识不到这么重要的事呢。"妈妈笑着，牵着她的手走出礼堂。

没有抗挫力的第一不能算真正的第一。短短12秒，李可妈妈在母亲的疏导下纠正了信念偏差，正确面对了这次考试失利，坏情绪也得到了纾解，并且顺利制定出了下一步的计划。这次简短的沟通，李可妈妈收获的不仅是正确面对一次失败这一件事，她的心理也得到了锻炼，为她后半生的打拼打下了一定的心理基础。也是通过回忆自己的经历，她顿然醒悟自己对李可的高要求是在信念上出现了偏差。在向着目标奋进的过程中，一切失误都是短期调整，是纠正偏差的时机。如同人体一样，发烧时不必过于心慌，那是人体免疫力在与病毒对抗，在为自身能力的提升做回旋式调整，调整到一定程度，就能平静对待突袭而来的疾病了。

有一位家长特意从外地赶来找到我，咨询孩子的心理问题。她的女儿正处在紧张、关键的初中时期，可是因为自闭休学快半年了，全家人坐卧不安。我了解了孩子自小到大的许多生活细节，得知小学时母女俩沟通还算顺畅，孩子只是上初中后才出现明显的拒

第二章　出口成章还是出口成"脏"

绝与人交流的状况。确切地说，是在初一上学期后两个月，开始排斥沟通和正常地与人交流。

原来，面对越来越严峻的中考形势，孩子妈妈不遗余力地为孩子选择了一所以严格出名的重点中学。严格的校训校规使刚入学的孩子们叫苦连天，但大多数学生都挺过来了。而她的女儿自小喜欢文艺，本性中放飞自我的成分更多，始终不能适应学校的严格管理。而且这所学校的学习进度相当快，小学基础一般的女孩学得非常吃力，有好几次被叫起来都处于懵懂状态，回答问题也不知所云，后来女孩就闭口不答了。渐渐地，女孩连日常交流也选择闭口。家长听到老师的反映后异常焦急，开始还耐心地引导女孩，可女孩开始时一言不发，后来连眼皮也不抬，对于任何色彩的语言刺激都无动于衷。家长无计可施，只好带女孩到处看心理医生，办理了休学在家调理。

刚开始，女孩坐在远远的地方，妈妈叫她过来跟我聊一聊，她也没有动。当我听说她的文笔很好，写作上很有天赋与爱好，在网上写文章还收到了约稿邀请，就跟她聊起了写作，我们立刻有了共同话题。女孩走过来坐下，虽然看上去不太热情，但是会接我的话茬，我们的交谈围绕着写作很正常地进行着。随着交流慢慢进入正轨，渐渐接近了她拒绝与人交流这个问题，谈到了她最初不会回答问题、拒绝回答问题这件事上。我站在她的角度，顺

> 对于生活中的任何变化，我们都有一个从适应到掌握的过程。如同我们在黑夜里突然遇到光瞳孔会微缩一样，任何人到了一个新的环境中都会有一个逐渐熟悉、慢慢适应的过程，且在这个过程中会表现出各种不适应。孩子对于新群体的适应速度因性格而异，外向的孩子能很快融入新群体，内向的孩子则要在充分观察、思考、感受后才决定以何种姿态进入新群体。

好好说话：不要让语言暴力毁掉孩子

理成章地不假思索地说："不会回答问题很正常呀。我是小孩，不懂的事当然比大人多；我是学生，有不会的知识也很正常。对于老师的提问，答不上来不是很正常吗？"

她的妈妈怔住了：对哦！别说成长中的孩子不懂的东西有许多，即便是成年人，不懂的东西也数以千计呀，怎么能说孩子答不上老师的提问就是犯了不可原谅的错呢？别的孩子能跟上学校的进度，或许自己孩子的学习能力就是比同学低，跟不上也是正常的，这不是她的错。换个角度说，她把精力分配给喜欢的写作，用在学习学校科目上的精力相对肯定少，配合不了学校的学习进度也是正常的。这么一想，这位妈妈豁然开朗了。

接下来，我们三人共同商议，为孩子制定了时间分配方案和短期目标计划。对于这位妈妈来说，这可能是孩子上初中以来母女俩唯一一次"透亮"的沟通。

当一个情绪占据身心的时候，我们身处其中无法自拔，就不可能清醒地分析所处环境，只在一个狭窄的思维线上茫然摸索，却摸不到光亮。俗话说"退一步海阔天空"，退一步，视野就会宽广许多，看待问题的角度就会更多些，更能广角地通看局面。就像这对母女，从最初的"绝不允许不会，不允许跟不上学校进度，那样就会中考失败，不能进入好的高中，就与考大学无缘"，到"可以不会，可以跟不上，只要分配好时间、精力，学习爱好两不放弃，仍然可以考上好高中好大学"，信念这么一转变，沟通就顺利了，孩子也开口交流了，母女俩互相听取心声，制定出向好的规划。

第二章 出口成章还是出口成"脏"

三、注意力与行动转移

转移法是一个不错的缓冲情绪法，它不同于对事件的搁置不理，而是通过注意力的转移找寻一种疏导坏情绪的路径。注意，它是一种化解坏情绪而不是代替解决问题的方法，当我们将那些负面情绪化解后，自然而然会冷静下来寻找解决问题之法。

吴昕在高二下学期喜欢上同班一个女同学。他酝酿了许久，终于鼓起勇气向女生告白，却遭到了委婉的拒绝。吴昕原本是个内向的男生，告白失败使他充满羞辱感和挫败感。他异常颓丧，心神不宁，上课走神，课后不能精力集中，晚上也开始失眠。他一坐到班里就觉得四周都是嘲笑的目光，同学们的嬉笑之语他也怀疑是在讽刺自己。他想了许多办法把周围的一切屏蔽掉，让自己置身于与外界隔绝的空间里，可是仍不能全心全意地沉到学习中去。

吴昕妈妈发现了他的精神状态，听了他的讲述之后，平静地说："你喜欢女生是心理成熟的进步，说明你懂得欣赏别人的美了。而女生拒绝你也属于正常，因为不是所有的喜欢都要对等。女生能够委婉地拒绝你，说明女生是一个有教养、能够照顾别人情绪的好女孩，这也证明你的眼光不差。这么好的女孩被你发现了，那么远远欣赏着不是也很好吗？如果你走出现在的颓废状态，努力让自己优秀起来，不是也很好吗？这么闪光的女孩，难道不能带动你也成为发光体吗？"

吴昕接受了妈妈的建议，可是一进入教室还是压抑难耐，于是妈妈为他报了一个暑期外语培训班。为了让他体验成功之苦，吴昕

好好说话:不要让语言暴力毁掉孩子

妈妈没有选择小型班而是选了100人的大班,住宿也选在了最低档次的一所老牌高职学院。温度近40摄氏度的夏季,已经几十年的老建筑,八人一间的宿舍,没有空调、公共厕所,总之,生活条件对于现在的孩子来说很是艰苦。吴昕宿舍里的孩子来自全国各地,参加暑期培训的理由也各异,其中有一名已经是重点大学的大一学生,因为英语成绩差而利用暑期补课。与这些临时同学在一起,是吴昕有生以来第一次接触不同口音、不同生活习惯的同龄人,多元认知的涌入显得他的那点感情波动简直是不值一提的小事,他的视野开阔了许多。尤其是在课堂上,英语教师激进的教学方式,热闹的学习氛围,很快引发了他的兴趣,他深深沉浸在那种活跃的学习中,以致回到家后主动上交了手机。他觉得,相比那种让人血脉偾张的吼出来的英语,手机游戏无聊透顶。

暑期培训结束后,他回到学校,已经完全不介意之前的受挫,面对同学、面对那位女生都坦然平静,能够集中精力投入学习了。

吴昕妈妈的可贵之处在于,听到孩子早恋,她没有疯狂炸毛,也没有百般阻挠,更没有找到学校闹得人尽皆知,而是冷静地告诉孩子喜欢、欣赏别人是心理成熟的表现。而对于吴昕因表白受挫而导致的自尊受损、情绪低落,她采用了行为转移与注意力转移法。吴昕先是报名参加暑期短期外语培训班,通过完全不同风格的课堂教学模式,改换过去的学习内容;然后通过与不同的同龄人相处,一点一点抛掉负面情绪,由行动转移到注意力转移;最后完全从负面情绪中走出来,并自发地对下一步生活做了决定,成长问题彻底解决。吴昕妈妈在刚刚察觉吴昕状态不佳并问明缘由时会不会慌张不安呢?情绪波动肯定是有的,但是她很快便冷静下来,利用12秒静置期，思考出帮助吴昕走出困境的方法。

四、改道疏解，重置信念之锚

"真正的第一是既会赢也会输。从失败中走出来再成功，才是真正的第一。失败是成功的阶梯，有强大的心迎接失败，才会站稳第一。每一次失败其实都是在提示你发现自己的缺点与不足，然后把不足补齐，这样才能取得真正的第一。"

李可妈妈常常会想起她母亲的这段话，她好怀念母亲啊。在李可妈妈的心中，母亲是世界上最好的人，无时无刻不从子女的角度去想去做，她从小到大都被母亲浓浓的爱包围着。在她的记忆中，母亲从不会高声吼叫，从不会命令自己做什么，她说得最多的话是"这没什么大不了的""这没关系""你觉得呢""就按自己想的去做吧"……甚至在她高考填志愿时，她也只是说"按你心里想的填就好了"。

女儿成功时，她会轻轻地抚摸着女儿的头说："我就知道我闺女是最好的，妈妈给你煮双荷包蛋！"女儿失败时，她同样轻轻地抚摸着女儿的头说："这算不了什么，真正的胜利是从失败中走出的胜利！"

女儿开心时，她也笑得合不拢嘴；女儿情绪低落时，她讲笑话逗女儿笑。

女儿恋爱时，她说："你从那么多人中选中了他，一定要真心真意地去爱。"女儿失恋流泪时，她轻轻帮女儿擦掉眼泪："不要难过，人与人的缘分是天注定的。命中注定你们只是相爱的缘分，这已经很幸福了。"

好好说话：不要让语言暴力毁掉孩子

从小到大的一幕幕在脑海中回放，李可妈妈突然身体一震：身为一个母亲，不就应该是这样的吗？如今自己也为人母了，可那个像样的"母亲"在哪里呢？

当李可成功时，她硬把自己内心的喜悦隐藏起来，绷起一张严肃的脸："这么点小成功算什么！谦受益满招损，不要骄傲，不要沾沾自喜！"当李可失败时，她毫不掩藏自己的不满，不是让李可自我反省，而是变本加厉地批评她这里不对，那里也不对……

当李可开心时，她泼冷水："做人不能太喜形于色，小心乐极生悲。"当李可不开心时，她的话让人寒心："一个小孩子整天耷拉着脸给谁看？要什么有什么，你还有什么不满意的？"

这么一对比，李可妈妈不禁自问：我是李可的妈妈还是前世的仇人啊？人们都说今生能做母子或母女，那是三世修行的缘，难道我们之间的修行不够三世？

从知道自己怀孕那天起，李可妈妈就有了一个信念：要做天下最成功的妈妈。可是在太长太长的时间里，她把成功的标准弄混了。她把"第一"当作成功妈妈的指标，认为只要培养出学分第一的女儿就算成功，现在，她突然醒悟过来：成功的妈妈，是像自己的母亲那样深知孩子的心，时时刻刻用爱保护在孩子周围。

她想起自己高考时的一件事。高考时她失利了，

> 平静的海面下波涛暗涌，每一句云淡风轻背后都有理智与情绪的撞击。一句话、一个动作，看似不经意，却是一次情绪处理能力的体现。面对孩子情绪的翻滚，我们要一起跟着不安还是为他提供一个安静的港湾，全在于我们处理情绪波动的能力。

第二章 出口成章还是出口成"脏"

没有踏入理想中的北大之门,只考到了一所地方大学,她万分沮丧。开学的前一天晚上,母亲为她赶缝着新被子,两人有了这样一段对话。

母亲问她:"君君,你说人能活多少岁?"

她奇怪母亲怎么会问这么幼稚的问题:"60岁、70岁、90岁、100岁……"

母亲接着说:"你看,人起码要活几十岁,而你现在还不到20岁,人生才刚刚开始。人这一生啊,是由无数个阶段组成的,婴儿、幼儿、小学、中学……每个阶段都有它的开头和终点,每一个终点又是下一个阶段的起点,结束的那一段就让它结束好了,什么时候都是全新的开始。寒窗苦读十年,考大学绝不是终点,而是一个新的起点。你的新的人生阶段刚刚开始,一定要开心地过好它。"母亲的这段话激励她走过大学四年郁闷的时光,还陪伴她找工作、考公务员,走上事业之路,并让她一次次从失意中振作起来,重新面对生活和人生的挑战。

结束的就让它结束,养精蓄锐重新开始就可以了。就像一本人生故事集,不管之前的故事是悲剧还是喜剧,翻过这一页,都是一个新的故事。

李可妈妈明白过来,不管李可上次考试如何,那都已经结束了,李可要迎接的是新的考试。作为妈妈,为什么要揪住那么一点点不足不放呢?让孩子生活得开心的母亲才是合格的母亲。

每个人的人生都是单程,所以每个人面对第一次都不可能做到尽善尽美。每个孩子都是在试错中成长,每个成功都是无数失败积累起来的质变。换一个角度看待成长中的犯错,其实那根本不算是

好好说话：不要让语言暴力毁掉孩子

错，因为顺利获得成功与通过曲折获得成功会是两种体验，不同的体验有不同的感受和收获。经历错误，会得到经验和别人不曾有的感受，那种感受或许痛苦、悔恨、厌恶，但能让人从中获取对失败的免疫力，增强抗挫力。只要能从打击中走出来，一切经历就都有价值。人生不走到最后，一切都算不得结局。

许多家长来我的家长课堂反映自己的孩子抗挫力太低，经不起失败，一次考砸或者一次演讲失败，很久很久都走不出来，严重的会再也不参加学校的任何活动，再也对学习提不起兴趣。其实，这与家长的期望有直接的关系。首先，大部分家长一直期望孩子成功，甚至事先就把事情放大，并且说得很严重，时不时就扯上"对将来如何如何"。即使一次小小的讲故事大赛，家长可能也会说"把握住这次机会好好表现，会给你考试加分的，会帮你……"更可笑的是，有的家长甚至说："如果这次成功，妈妈就送你去跟某某学习演艺，当明星！"其次，家长的指责、批评、不满极易给孩子造成心理障碍，孩子不断担忧会受到父母的批评指责，从而对失败产生了巨大的阴影。

要想提高孩子的抗挫力，最好的方法仍然是不断的鼓励和适度的引导，用另一个成功冲淡失败感。要把失败的负面结果最小化，用其他事物尽快把孩子的注意力从失败中转移出来。例如这次讲故事孩子没讲好，但是孩子的表情、事前的准备都做得很充分，家长就可以从这方面入手，让孩子知道没有完全的失败，虽然结果不理想，但过程中有成功的地方。

第三章 几种场合中的沟通与应对

沟通无处不在，成年人的沟通方式会作为教材时时刻刻传授给孩子沟通的技巧。除了与孩子直接的沟通外，日常生活中，夫妻间、亲友间的沟通都会像纪录片一样在孩子眼前播放，并作为记忆存储在孩子头脑中消化吸收，悄无声息地形成孩子对于沟通的认知。在我们的成长过程中，我们每个人时不时都会被他人影响，一个明星的言谈举止，一个有影响人物的处事方式，生活圈子里有趣的人、有趣的事，都会让我们学到与人交流的方法。而对于孩子来说，最直接的影响来自家长平日里的言传身教。

第一节 夫妻之间的沟通

每个人都无法摆脱来自家庭的塑造，一个孩子最直接的塑造者便是父母。有的孩子性格像父母的一方，有的取两者各一部分，或是好的那部分，或是坏的那部分。毋庸置疑的是，其乐融融、温暖和谐家庭中长大的孩子是阳光的、积极的、向上向善的，争吵算计家庭中长大的孩子必定习得争吵算计，而夫妻长期冷战家庭中的孩子是敏感的、自卑的、冷漠的。

好好说话：不要让语言暴力毁掉孩子

夫妻间的相处模式，我们也称其为沟通方式，大致有这么几种：一方说，一方听；共同说，都不听；一方说，一方全不听；平等商议；没有交流。其中最好的方式当然是平等商议，其次是一方说一方听，其余三种皆是不好的沟通。而在现实生活中，任何一种沟通都是作为模板存在的。作为家庭成员，我们通常有明确的家庭分工，一个赚钱，一个养孩守家，但在孩子眼里，爸爸妈妈永远是一体的，他需要母爱，也不可缺失父教。然而太多家长在讨论孩子的事情时，主问题总是很快沦为引子，所谓的沟通很快就拐到夫妻间的陈年旧怨上去了。

一、你说你的我做我的

因为苹果跟阿瓜一起玩，苹果妈妈讲了一套"近朱者赤近墨者黑"的交友大道理后让他在屋里反省。苹果爸爸回来，见家里异常安静便问是怎么回事，于是夫妻俩就苹果跟"坏孩子学坏"这件事进行了交流。

"苹果上次月考又下降了，我给他找了个补课班，结果他在班上认识了一个叫阿瓜的坏孩子，跟着他都学坏了，下课不回家偷偷混进网吧。网吧是小孩子去的地方吗？那地方多乱啊，什么人都有，听说还有吸毒的呢。"苹果妈妈说。

"才三年级上什么补课班啊，你真能瞎胡闹。"苹果爸爸不赞成苹果补课。

苹果妈妈本以为老公会站在她这边，一同向苹果算总账，没想到老公竟然把矛头指向了她。她的委屈和怒火顷刻爆发："不补怎么办？你不去开家长会，不用挨老师训，不用看别的家长的眼神，所

第三章　几种场合中的沟通与应对

有丢人的事都让我去应付,你就会在家说风凉话。苹果的成绩越来越差,有本事你给我拿出个好方案来,让孩子考回满分去!"

苹果爸爸把筷子摔在桌上:"你又来劲了,我说一句你就来这一大堆,至于吗?"

"不说你能明白吗?还在这儿说风凉话。要是你能让孩子把学习搞上去,我就不送他去补课班。"苹果妈妈也摔了筷子。

"你想送就送吧,教育孩子的事你做主,你看着办。行了吧?"苹果爸爸摆出宽宏大量的姿态。

"那偷偷上网吧的事呢?你不能不管吧,你也知道网吧是什么地方!"

"苹果,家里不是有电脑吗,你为什么要去网吧呢?"苹果爸爸问苹果。

"是阿瓜带我去的,他说他很孤单,要我陪他一下。"苹果终于开口了。

苹果妈妈抢过话:"我不是说过不让你跟他在一起吗?"

"你跟阿瓜去网吧干什么?"苹果爸爸没理苹果妈妈,继续问。

"玩游戏!"

一听玩游戏三个字,苹果妈妈火冒三丈,因为游戏曾经差点毁了她的婚姻。

苹果三岁的时候,苹果爸爸在一家小公司上班,攒了几个月钱买回来一台电脑。家里添置一件"大电器"本来是件好事,可谁也没想到,这台电脑一度让他们夫妻整天怒目相对。

苹果妈妈曾经在报社做过几天记者,平时能写点东西,家里有了电脑,她就时不时写几篇文章,生活得到了充实,还能增加点家

好好说话：不要让语言暴力毁掉孩子

庭收入。苹果爸爸把电脑研究明白之后就没什么兴趣了，电脑便充当了打字机的角色，成了苹果妈妈专门写稿子的工具，有时候她也把苹果拉到桌边握着鼠标画一些不知道是什么的画。电脑多多少少给家里带来了一些乐趣。

过了不长时间，苹果爸爸觉得电脑的利用率太低，于是下了班就玩一会儿网络游戏当作休息。一开始他还客气地问问苹果妈妈用不用电脑，后来干脆一进家就扑向电脑，坐在那里像雕像一样岿然不动，全身心投入游戏中，连吃饭都要三请四邀才行。游戏里发出的叽里呱啦的叫声，越来越刺激得苹果妈妈头疼。

苹果爸爸无比着迷于游戏，有时候苹果想跟他玩，他也不耐烦地把苹果推到一边，或者像打发一条狗那样递给苹果一根香蕉："乖，去吃香蕉！"

他那宽大的背越来越冰冷而陌生，苹果妈妈实在忍不下去了："你一天不在家，孩子想你了，想跟你玩会儿，你就不能跟他玩一会儿？游戏就那么重要？"

"等一会儿，做完这个任务。"苹果爸爸盯着电脑纹丝不动，恨不得钻进屏幕中去。

"任务什么时候做不行？你一天才陪孩子多长时间？他是不是没有爹？"

"好吧好吧，玩什么？儿子？"苹果爸爸一脸不耐烦地打断苹果妈妈的话。

> 自律是考验一个人心智成熟的标尺，许多成年人仍然极容易陷入某个"瘾"无法自拔，便是自律性欠缺的表现。

第三章　几种场合中的沟通与应对

后来，苹果爸爸又开始往游戏里充钱。有一次，他的手机突然响起嘟嘟嘟的短信声，苹果妈妈看到是游戏网站充值成功的通知，就问这是怎么回事，苹果爸爸不屑地说："只是20块钱嘛。"

"你天天充？"

"哪能天天充？"

"你知不知道，这20块钱能坐一次三轮、两次公交，能买一把小白菜，还能给苹果买两根雪糕……"

"哎呀，等升到一定级别就赚钱了。"

"我就没听说玩游戏能赚钱的，即使赚钱也轮不到你。设计游戏的人是傻子啊，让你玩着游戏还给你发钱？这跟赌博根本就是一回事，挂着赢钱的诱饵吃你的钱。"

"你不懂就别乱说，等到时候赚到钱你就知道了。"

"玩物丧志，你赚到钱我也不稀罕。"

苹果爸爸没有放弃游戏，夫妻俩的较劲以苹果妈妈的失败结束。

苹果妈妈哭着问苹果爸爸："如果你只想过这样的生活，你又何必结婚毁掉我的人生和幸福？你跟游戏过就好了，要媳妇干什么？把我娶回来，却把我像空气一样晾在这儿，根本无视我的存在。"

"你说到哪儿去了？我只是放松放松而已。工作那么累，我在公司就够烦心的了，你别无事生非啊。我什么时候无视你了？"

"自从开始玩游戏，你什么时候正眼看过我？你什么时候主动带我跟孩子出去玩过？你知不知道我今天穿了什么，戴了什么，去了哪里？"

"哎呀，都老夫老妻了，你别整事啊。"

二人无话可说了。苹果爸爸继续无所谓地打着游戏，玩得酣畅淋漓。苹果妈妈坐在沙发上生闷气，苹果过来找她也被她冷冷地推

好好说话：不要让语言暴力毁掉孩子

到一边……苹果害怕了，躲进小屋里，把门打开一条小缝，远远地观察他们的表情。

一晃两年过去，他们又有过无数次争吵，内容大多还是因为苹果爸爸玩游戏。不管苹果妈妈如何发作，苹果爸爸就是不肯放弃游戏。苹果妈妈不知道有过多少次想砸碎电脑的冲动，许多次想给那个游戏网站打电话大骂一通。他们互不理睬，她不知道该如何发泄。

家庭中吵架形式最多的是锁链式争吵，从一件事中扯出一件又一件不相干的事，越扯越多，越吵越乱，甚至会牵扯到全家每个人，而结果通常是什么也吵不出来。如果只说一件事，那么即使是争吵，也有利于解决问题。尤其涉及孩子教育问题时，最忌讳的就是从孩子的问题上转移开，去揪扯其他事。孩子本来身处事件中，这么一转移战场，孩子便被画到了战场之外，就成了看客，当他发现争吵内容跟自己无关时，就会走开。这样一来，不仅没有解决他之前的问题，还在他心中形成了两种认识：一，吵架与我无关；二，我的事只是引子，他们是借题发挥吵他们的事。那么，以后再有问题，他总能做到置身事外、与己无关。

七扯八扯，一件事牵出一大串，逮到机会就把陈年旧账算清楚，是家庭吵架的惯例。而这种把全家人都扯进去的方式，夫妻做得越久，用得越多。因为有亲情存在，家庭里没有绝对的是非，而我们通常却对亲人苛责不已，时不时提起一些陈年旧事，以为那样就能让对方悔过改正，结果却往往事与愿违、背道而驰。每个人都想在孩子面前维护自己的自尊，不管是否认识到自己的过失，也不愿意总被人揪住不放，而如果夫妻二人在孩子面前互揭伤疤，效果就更差了。

第三章　几种场合中的沟通与应对

二、双双任性无休止

他捏了捏衣兜，手垂下来，攥拳，松开，再攥拳。

他把脚搭在台阶上，又捏捏衣兜。

嗖！一个高个子少年两手插在运动服的兜里，从他面前闪过去，进去了。

他的另一只脚踏上台阶，抬手轻轻地去碰门帘。

晃动的塑料条门帘砸在手背上，还挺疼。

"进不进？让一下！"

又一个少年在背后推他，把他推进门里。

少年熟练地挥挥手，跑到屋里去了。

"来过吗？"工作台里的男人问。

"没……有……"他摇摇头。

"身份证！"男人咯噔咯噔按着鼠标，并没看他，高声喊，"56号，到时间了。"

他紧紧地捏着身份证拿出来，谨慎地递过去，眼皮稍稍下垂，胸口轻微地起伏着。

男人拿过去，并未细看，放在手边，便在电脑上操作起来，大约是在输入身份证号。

"16岁，"他试探地问，"可以吗？"

"没事儿，最近没人查。"男人此时才抬起头看了他一眼。

"登记完了吗？"他又问。

"噢，稍等。"男人重新低下头操作。

"把身份证给我，不玩了。"他的手伸到工作台上。

好好说话：不要让语言暴力毁掉孩子

男人定神看了他一眼，没说话，把身份证扔了过来。

他飞快地拿起身份证，一步跨到门口，连门帘也没顾上挑，用头顶着就冲了出去。

下了台阶，他松了口气，转回头扬起下巴：银杏网吧。牌匾下的条幅上写着：未成年人禁止入内。

马路一侧的街灯暗了，进入节电时间。23点。

他横穿过马路，沿着矮树墙走，踟蹰不前。走到尽头，转回来，反复几回。

幸好单元门虚掩着，没带钥匙匆匆跑出来的他蹑手蹑脚地走上楼梯。

一楼，二楼，三楼，拐过扶梯，他停住了。六级台阶之上便是家门。

聒噪，杂乱，声嘶力竭……

三个半小时，他们不累吗？喉咙不疼吗？战火仍然那么旺呢！

他毫不犹豫地转身，跑下楼，一脚踢开单元门。

他冲到街上，跃过矮树墙，闪进"银杏"，把身份证甩在工作台上，汇入烟雾腾腾之中。

这是我根据一个真实案例创作的短篇小说《银杏之毒》。

曾经有位家长带着孩子来找我。她的儿子上初三，正是最关键的时期，却长期待在网吧里不回家。她着急孩子的学习成绩，又怕他在网吧吸毒、被骗，因而焦灼不安，时不时恨恨地骂上几句。

从某方面来说，现在的中考比起高考更加严峻，因为没有二战三战的机会。如果成绩不好，恐怕就要去职业学校，与考大学之路就相去太远了。在这个学历很重要的年代，中考一战甚至有些定一

第三章 几种场合中的沟通与应对

生的意味,无论哪个家长面临此情肯定都会着急上火。

男孩子长得很秀气,精神状态不错,并不像流连网吧的孩子那样萎靡,看得出他的生活规律还不是太差。

"你知道你母亲让你来这里的目的吗?"我问他。

"因为我天天去网吧。"他平淡地回答。

"能说说为什么天天去网吧吗?"

"家里太吵了。"他说,"大半夜的,我总不能在街上瞎逛吧。在网吧清静一会儿,等他们吵完再回去睡觉。"

我马上知道了原因。

许多夫妻一起生活了十几年二十年甚至到老都不明白婚姻中的二人该如何相处。

有一对夫妻,妻子抱怨男人经常下班不回家,即使回到家里也像个哑巴一样不说话,男人却气呼呼地说:"你不看看你自己,每天一进家就唉声叹气、愁眉苦脸的,真丧气。这个家要是让你那么心烦,那你回来干什么?天天长吁短叹,家里全是二氧化碳了,哪还有氧气可以呼吸?!"

女人立起眉尖声叫道:"我为什么叹气,你不会反省反省?你每天连句话也没有,就像个死人,跟外人聊起来倒是眉飞色舞,兴奋得像磕了药,我能有好心情?"

二人唇枪舌剑地又吵起来。这件事已经让他们吵了许多年,可女人仍然叹气,男人仍然不说话,没有人注意到家里的气氛是如何沉寂的、如何冷下去的、如何让人窒息的。

好好说话：不要让语言暴力毁掉孩子

假定女人叹气在先，她叹气背后的原因可能有好多：下班路上拎着蔬菜和生活用品走了很远，终于到家了，长舒一口气；工作焦头烂额，想起来就无奈地叹口气；看到一个不可理解的事情，长叹口气；听到一个悲伤的故事，叹口气……她或许只是无意识地叹口气，如果这个时候她能接收到安慰、解释、共鸣，她的精神状态肯定不会那样沮丧的。

假定男人无语在先，肯定也不是无缘无故的：累了，在思考难以解决的问题，受到了一点打击，遇到了不幸的事……这个时候，他需要的可能只是一个安慰、一个拥抱、一个鼓励，或者一段独处的时间……

营造氛围便是教育。曾经有句话得到很多人的共鸣：不要把情绪带回家。实际上这很难做到。家在人们的心里是释放自我的地方，是全身心放松的地方，是没有压力地休息的地方，人们平日戴着面具在外谋生，回到家就想赶快摘下来，活成真实的自己。有些人很幸运，能够拥有这样的地方；有些人很不幸，可能一生也无缘；而大多数人拥有之后又失去了，因为不懂得维护和建设。我们每个人都要明白一个简单的道理：这个让人向往的地方不会从天而降，而是我们用心、用爱培育和建设而成的。如果把不好的情绪带回了家，尽快把它解决掉才是上策，有时候，一个表情、一个动作、一个微笑都可以化解。

日本人有一个日常习惯：每个人进了家门第一句话都是"我回来了"，不管有没有回应都这样说一句，而家人总是回应一句"你回来了"。就这样一句话，换作我们的许多家庭，恐怕回应的都是这样的："快写作业吧！"我们总是催着、推着、命令着，却不明白这样

第三章 几种场合中的沟通与应对

的语气传递给孩子的心理暗号是对他的不信任——他不懂得安排时间,不懂得自主学习。西方人有一个日常仪式,就是家人回家后首先要拥抱一下。无声的肢体语言有着不容忽视的重要性,可以化解不快、传递温暖。我们身处一个家庭中,这个家里不止一个人,所有的关心、关注、关爱都应该是相互的,所以不要总抱怨对方不关注自己。家不是我们索要无条件关爱的地方,是我们要相应付出爱的地方。

女人通常很容易将情绪晕染与放大,仅仅是玩游戏这样的小事,都能联想到感情与婚姻,最后将结点落在孩子身上,把毫无关系的孩子扯进来,以图扩大阵线,压倒对方。在这里,孩子被充作战术中的销栓。然而孩子是有思想、有感受的,他不是销栓,他成了战争中的一角。把他拉进来做什么?让他观战,还是在父母发出的"流弹"中受伤?

许多人常常号啕痛哭地把"没感情""离婚"挂在嘴上,吵架双方大概率都知道这是气话,是不算数的,只是用来攻击对方的"子弹"。然而那个被拉进来的孩子会害怕,他会想到爸爸妈妈是不是要分开了,他会不会失去其中的一位。

一位家长与老公吵得水火不容,孩子非常害怕,在父母之间做起了说客,用她那小脑袋里单纯得不能再单纯的思维求两位大人互相道歉、握手言和。他们如女儿所愿讲和了,却都说是看在闺女的面子上才让一步,否则绝不可能。

我不知道他们究竟是看闺女的面子还是因为疼爱闺女,我只是问了她一句:"你觉得闺女累不累?"她神情黯然:"累。"没错,父母间的这种调节不是孩子的能力所能及的,更不是她的内心可以承受的,父母一吵架,孩子就会万分害怕失去父母中的一位,她已经成了惊弓之鸟。

当我们唇枪舌剑、想方设法想要战胜对方时,却忽略了一个重要人物——孩子。我们极尽可能地让对方受伤,在孩子面前毫无保留地展现出扭曲的嘴脸和我们心里的愤怒、痛恨,殊不知这些早已成为极丑陋的记忆被孩子摄入脑海中。我们只管发泄自己的感受,却不曾注意孩子的感受,我们不知道这些丑陋的记忆会给孩子造成什么样的伤害。有什么事不能关起门说呢?非要在孩子面前暴露丑态吗?父母是孩子在这个世界上最信任、最爱的人,如果父母都不能相亲相爱,恨不得一脚踩倒对方,孩子还会相信人与人之间有爱存在吗?他会有多心痛?

第二节 家校沟通

孩子到了入学年龄就要去学校里学习知识,许多人因此便认为孩子的教育完全是学校的事。其实,孩子一天在学校待七八个小时,大部分时间都是坐在教室里学习知识,虽然有思政课,但仅仅靠课程来培养一个人的人格是远远不够的,孩子的品质教育主要还是在于生活细节的渗透。也就是说,一个人真正的成长和成熟绝大部分靠的是家庭,家长们误把孩子在学校接受教育当作全部的人生教育是重大的误区。

那么,孩子入学后,与家长在一起的时间就少了许多,我们又

第三章 几种场合中的沟通与应对

该怎样在有限的时间里教育孩子呢？这就需要家校配合了。特别重要的一点是，家长对学校及教师的态度对孩子潜移默化的影响远甚于直接的说教。

一、把老师当客户

有的家长在老师面前过度逢迎，把"尊重"表演得过于假象，一味地讨好。其实这恰恰是不尊重老师的表现，很容易让老师辨识出目的：我拥着你捧着你哄着你敬着你，你就得对我孩子好。

一位家长跟我诉苦，说女儿瞧不起他，让他以后别到老师跟前丢人现眼。事情是这样的：

他的女儿中考时成绩不理想，按理说上不了当地的重点高中，但是他在社会上有些人脉，托人给孩子弄到了入学名额，可想而知，孩子在班级里排名很靠后。幸运的是，孩子遇到了一个好班主任，多次鼓励他女儿，并且很快见到成效。到高二上学期时，他的女儿表现出了优秀的学习力，成绩一路领先，由班级最后几名跃至年级前十名。他认为女儿遇到了恩师，对老师的尊重溢于言表，所以每次见了老师都像见大客户那样伏低作小、极尽逢迎，老师说什么都做出拨云见日的表情，老师讲什么都是醍醐灌顶的神情。而女儿心中明白，老师们不仅关注她、鼓励她，也同样关注和鼓励其他同学。因此，她异常反感父亲这种卑微谄媚的样子，认为这样的父亲看上去太没骨气、太丢脸。

他跟女儿聊过，为什么老师会关注她、鼓励她，女儿回答说："哪个老师不喜欢学习好的学生？不喜欢勤奋上进的学生？老师鼓励

好好说话:不要让语言暴力毁掉孩子

我是希望我'改邪归正'(她初中时被定性为顽劣少年),既挽救我这个'边缘少女',又不希望我影响其他同学。老师喜欢我是因为我学习变好了,就这么简单。我现在学习好,老师喜欢我,哪天我学习不好了,老师可能就不喜欢我了,这跟你那恭维、巴结的样子没有半毛钱关系,所以你以后不要再出现了。"

这位家长把生意场上的交际模式用到老师身上,只是一味应和,其实这算不上沟通,因为只是老师在说,他一味认同,并没有把孩子的真实情况反馈给老师,更没有说出自己的想法。他永远也不会真正地去了解学校的职能、老师的职责所在,他把孩子的教育也当成生意去做,从根本上说,这是教育观念的问题。他的女儿比他认识得要真切一些,但也存在着对老师的误解,认为老师关心她只是因为这样那样的目的,这不能不说是受了他生意思维的影响。其实,即便老师关注她、鼓励她的出发点真如她所言,最后的受益者不还是她吗?

二、老师说什么不重要,重要的是老师说了

许多家长都有过这样的操作,开家长会时向老师打听孩子的状况,如果老师说不错、挺好的,家长会认为老师是在敷衍,回到家就会绷起面孔训斥孩子一番:你在学校是不是表现得不积极,混成了路人甲,老师对你都没印象。要是老师说这段时间表现不错,进步很明显,家长回到家多半会对孩子说:别骄傲,老师夸你也不全是因为你优秀,里面有鼓励的成分,实际上你并没有那么好。要是老师说这段时间表现不好,上课不爱思考,比较懒,作业也完成得

第三章 几种场合中的沟通与应对

马马虎虎，家里大概率会发生"单打"或"双打"：你还想不想上学？不动脑子，你脑袋是摆设？作业马马虎虎，你应付谁？你那是自毁前程！

最后的状况就是，一开家长会，孩子们就胆战心惊，尤其最怕老师给家长打电话。久而久之，孩子就产生了恐惧学校恐惧老师、讨厌学校讨厌老师的情绪，而这对今后的学习生活有百害无一益。其实，家长们很多时候与老师沟通时问得都不具体、不妥当，老师也没办法详尽解析，只能笼统回答；而在亲子沟通时，也是对那些虚而不实的概念进行各自的解读。为什么不把问题落在面儿上，直接透彻地解读呢？

在我的孩子初中第一个学期的家长会上，许多家长挤在老师身边问孩子的情况，到我这里时，老师说我的孩子太懒，上课从不举手回答问题。其实，我很了解孩子的情况。他性格比较内向，加之在奶奶家寄住那三年被讽刺挖苦打击得有些自卑，所以常常会人前羞怯。我觉得这正是鼓励他走出自卑心境的契机，回到家就如实把老师的话转述给他，之后问他："你为什么不举手呢？是真的不会吗？"他没回答，我继续说，"我觉得你不是不会，这学期课本上的文章有些我都教过你了。"我以为他会说"不敢举，怕说错了被笑话"，可是他的回答是："我当然会了，就是不想举。"我一副了解的神情："哦，你这是想玩个低调，深藏不露呗。可你不是很喜欢这个语文老师吗？你明明会却让他误会你懒，这不太好吧？你只有积极回答问题，把问题答得出色，他才会看到你，才会知道你喜欢他的课、喜欢他呀。"从那之后，他真的举手回答问题了。

好好说话：不要让语言暴力毁掉孩子

当我们由老师或者他人口中听到对孩子的判定时，首先要做的是了解真相。我们所看到的事实未必是真相，我们所要了解的既是事件的真相，也包括孩子的内心真实想法，把这些都弄清楚了，才能进行正确的引导。

三、老师对我的孩子有偏见

老师不仅仅是老师，他们也是社会人，不可避免地也会沾染社会习气。这也是许多家长对老师有成见的原因之一。有些家长来到我的家长课堂，一提起孩子的老师就一副苦大仇深的样子，认为老师就是看不上自己的孩子，还总结背后的原因要么是没给老师好处；要么是自己社会地位低，老师只会捧高踩低，连累了孩子；要么是老师太古板，容不得孩子有个性，看不到孩子的优点。

跃涵是一个活泼调皮的女孩子，性格有些像男孩子，刚一入学就表现得很活跃，尤其对班里的文体活动，更是积极得不行，但学习成绩中下等。她经常在班里蹿来蹿去，有两次晚自习时还在班里大声说唱影响了别的同学。班主任打电话给跃涵父母，跃涵爸妈打算告诫跃涵，可跃涵的理由很充分："再有几分钟就下自习了，我只是活跃一下气氛而已。班里太沉闷了，人人都害怕头顶那个监控器，可我们又不是犯人。"跃涵爸妈听了，觉得闺女说得没错，活跃一下气氛，把孩子们从枯燥的学习中揪出来休息一会儿有什么错呢？后来跃涵又有几次违规的行为，老师再打电话过来，跃涵父母就不搭理了，还觉得学校的管理方式太陈旧、不科学，压抑了人性，束缚了个性，不适合个性张扬的女儿。最后，他们把所有问题

第三章 几种场合中的沟通与应对

都归结到老师的师德上,甚至后悔给孩子选择了这所学校。他们认为自己只是小生意人,没有官职也不是"土豪",老师是从骨子里瞧不起他们,所以才对孩子处处不待见,孩子的优点到老师眼里也成了缺点。

基于这种认知,老师再打电话反映跃涵的情况时,跃涵父母便不再客气,语气颇是气愤。后来,班主任特意把他们叫到学校,让他们看看监控里跃涵在晚自习时前蹿后跳、眉飞色舞的样子,他们仍然不置可否,认为教室里安监控是侵犯人权。鉴于他们的态度,直到高三毕业,班主任再也没跟他们沟通过跃涵的事情。

就因为他们对学校对老师的成见,跃涵也受到了影响,她从嫌弃老师发展到对抗老师,后来发展到嫌弃学校、厌烦学习,最后高考成绩非常不理想。

总结下来,这件事的根本在于对校规的认识。家长对老师的偏见认知导致他们不可能认真思考个性与规矩的关系。孩子在学校读书,就要遵守校规校纪,跃涵一味张扬个性,不但违反了校规校纪,还影响了其他同学的学习和生活,这就不是个性的问题了,而是自私,不考虑别人的感受也是缺乏教养的表现。之前班主任几次三番想与家长沟通,而家长出于对女儿的情感,始终抱着一种偏见。他们从内心排斥老师,对待老师的态度也从开始的虚与委蛇到后来的撕破脸,彻底把老师的一腔热情浇灭,而最终受害的只能是孩子。

四、和谐相处,共同育儿

我听许多家长讲述过对老师的印象,在他们的眼里,老师简直劣迹斑斑。有时候我特别不解,为什么他们的孩子遇到的都是师德败坏的老师,而我的孩子却总能遇到品德优良的老师?

有一次,又一位家长说起他儿子的老师多么多么不好,我问清楚之后简直不知道该说什么——他儿子的班主任曾经也是我儿子的班主任。

起因其实是一件小事。

在一次家长会之前,老师让孩子写一封给家长的信放在桌上,结果他儿子和同桌写得除了署名一字不差。同桌的家长开玩笑说这俩孩子是商量着写的,他立刻不爱听了,瞪着同桌的家长说:"不可能,我儿子从小作文好,绝对不会抄别人的。"言外之意就是说同桌抄了他儿子的。那位同桌的家长原本只是说了句玩笑话,没想到他反应这样激烈,就建议班主任把两个孩子叫来问询,可无论老师怎么问,两个孩子始终拒绝回答谁抄谁的。

家长会后,班主任建议两个家长回去别再审问孩子,好好引导一下就行了,老师举行这样一次"写给家长的信"的活动,只是想让家长真实了解孩子入学后这一段时间的心理变化,所以不必再纠结谁抄谁。可不等老师的话说完,这位家长便严厉地说:"不行,这事非得弄清楚,这锅我儿子不能背。"同时还狠狠地瞪着同桌的家长。同桌的家长不想让班主任为难,便息事宁人地说:"我没听我儿子说要写这封信的事,估计是他抄你儿子的,回去我教训他。"

第三章 几种场合中的沟通与应对

班主任立刻转移话题:"今天还想跟你们说另一件事。现在作业都是通过微信发到群里,你们是不在微信群里还是不看呢,为什么这两个同学总是不写作业,一问都说不知道?"

他理直气壮地说:"这事都是他妈管,我不负责,我也不在群里。"

班主任又问:"他妈妈接到微信通知不告诉孩子吗?"

"那我就不知道了,你得问他妈。"

班主任被怼得哑口无言。

同桌的家长却满脸歉疚:"建群那回家长会是他爸爸来的,我不在班级群里,回去我就加上。我们是离婚家庭……"

这位家长向我描述完事件之后,又满脸不屑地把那同桌的家庭贬损了一通:"她一个离婚家庭,对孩子不关心不了解,那孩子肯定放养得不成样子,那篇文章绝对是她儿子抄我儿子的。班主任就是有偏见。这样的锅我怎么能背呢?要是从小教他忍气吞声,长大不得成职业背锅侠了?"

接着,我给他讲了这位班主任老师与我儿子之间的一件事。

那是我儿子刚上初中的时候,因为到了新的地方、新的环境,他非常兴奋。第一天入学点名时,同学们都很谨慎,被叫到名字的都是小心翼翼地站起来回答一声"到"。可当老师叫到我儿子的名字时,他一下子跳起来搞怪,像明星出场那样在座位上高举两臂欢呼:"我在这儿!"全班同学顿时哄堂大笑。班主任很惊异,从教十余年这是头一回遇到这样的学生应答,便随口说:"好了,你就是反面典型了。"全班又是一阵哄笑,我儿子顿时蔫了。其实我儿子是个

好好说话：不要让语言暴力毁掉孩子

很内向、很胆小的孩子，之前在奶奶家寄住那几年被打击得有些自卑。到了新环境，他可能觉得束缚终于解除了，于是就有些放松过度、高兴过度，没想到这一下子就被定成了反面典型，他瞬间又回到了小学时的至暗时刻。

他跟我说起这件事后，我只是随意说了一句"老师还不了解你，肯定是无心地随口说了这么一句，你不要太在意"，以为这事就过去了。没想到两个月后的家长会上，好几个科目老师都说他懒、不回答问题、不思考，看上去一副大势去矣的神情，我这才意识到老师那句话对他的伤害。于是在会后我跟班主任交流，把他小学时的情况大概讲了讲，又讲明孩子之所以上课从不举手回答问题是因为害怕那个"反面典型"的标签。班主任听后非常愧疚："哎呀，这是我无心之失，真没想到对他冲击这么大。不行，我得去给他道歉，跟他好好聊聊。"

事后我没问儿子老师跟他聊没聊，但他比之前活跃了许多，眼神里有了光彩，还不止一次地说每次上数学课老师都要提问他，因此他的数学进步很快。老师甚至还说过这样的话：这道题是考试范围之外的拓展题，如果你都没做出来，估计别的同学肯定做不出来。就是这些小细节，使他很快走出了心理阴影，回到了正常的学习轨道上。

在与老师沟通、交流时，家长首先要摒弃情感代入。我们在社会上听到看到的那些关于当今老师师德败坏的信息，不要急着拿来给孩子的老师对号入座，那毕竟是听来的传言。近距离地与老师接触，才是家长应有的态度，因为我们的初衷是让孩子成人、成才。

不可否认，的确会有一些老师口碑不好、品行不端，但绝大多

第三章 几种场合中的沟通与应对

数教师自踏上讲台那天起,他们的初衷也是让孩子成人、成才,因此,我们要努力与老师建立起和谐的关系并坦诚相对。在城市,学校生源比较充足,每个班级都有几十人,想让老师面面俱到地关注到每一个孩子的点滴成长是不现实的,所以我们就要把孩子的真实情况反映给老师,老师才会因材施教地教导孩子。我们不能因为道听途说就匆忙给老师贴上标签,也不需要一味地伏低讨好,更不可取的是戴着假面与老师相见,虚虚实实地周旋,回到家立刻摘了面具,对老师和学校一通微词……这些都只能让孩子对学校对老师产生厌烦情绪,这对于孩子的学习成长是极其不利的,可以说是有百害无一利。

一切良好的关系始于坦诚,我们要明确家庭和学校共同的目标是让孩子健康成长、成才,所以我们要摒弃传言的影响与偏见,与老师一起,共同为孩子建设一个良好、健康的成长环境。

第三节 亲友之间的沟通

我们每个人每天都在与各种人沟通,沟通方式不同,产生的效果不同,对于孩子来说,它会像影像一样映在他的眼里,留在他的记忆里,干预他的思维,指导他的生活,今后他将如何与人相处,成年后他将如何经营婚姻……都会反映出来我们的沟通方式对他的影响。

冯先生在32岁时离了婚。开始他争得了儿子的抚养权,但不久就因为几次对孩子施暴,孩子妈妈变更了抚养权。在外人面前从不多言、看起来非常温和的冯先生为什么会走到离婚这一步呢?了解

好好说话：不要让语言暴力毁掉孩子

了冯先生的生活细节之后，我们就知道了原因：他根本不会沟通。

在冯先生小时候，父亲总是出差，家里的事几乎全部甩手不管，他的成长过程中只有母亲的陪伴，而母亲脾气暴躁，许多时候说话就是在吼。独断、蛮横、泼辣，这些词是母亲的标签。

因为父亲家族比较弱，母亲很是瞧不起，因而来往很少。在冯先生成长的环境里，亲友以母亲一系为主，而母亲家里兄弟姐妹有六人，他们的相处模式便是吵架。在冯先生的印象里，每次母亲与姨姨、舅舅相聚，总是以吵架、不欢而散收尾，过一阵儿又像什么也没发生过一样再聚……如此循环，成了生活常态。或许母亲早已习惯了这种沟通方式，所以她与父亲相处时同样也是没过几分钟就吼叫起来。父亲大多数时间不在家，心中有愧，便刻意让着母亲，而母亲觉得自己付出的过多，因而总是处于委屈抱怨中……开始时父亲还心生愧疚，安慰一下母亲，但母亲丝毫不领情，且越发乖张，久而久之，父亲烦透了这种负面情绪，便选择闭口不言。在这种环境中长大的冯先生，要么身处唇枪舌剑中，要么生活在冷战的氛围中，唯独不曾见过什么叫作心平气和，以至于他在外人面前不善交谈。因为他不会和气地交谈，对外人当然暴躁不起来，而对于家人、亲人，则深深沿袭了母亲的做法——不耐烦、暴躁、吼叫、"毒舌"狂怼。

在外人眼里，冯先生文静寡言，稳重温和，又勤快又务求完美，虽然只是普通的工薪族，但给人一种稳妥的感觉。冯先生的前妻婚前被他斯文的外表所蒙蔽，亲友们对他的印象也都很好，没料想结婚后，冯先生的本性暴露出来，对外温文尔雅，对家人却没有一点点耐性，家里家外判若两人。平日夫妻商量事情，如果二人意

第三章 几种场合中的沟通与应对

见不同，不超三句话便开始吼叫、甩锅。

对孩子也是一样。冯先生教孩子打乒乓球，刚比乒乓球案子高一点的儿子接不住球不是很正常吗，可没打几回冯先生就不耐烦了，就开始烦躁，训斥声、吼叫声充斥整个过程，弄得原本兴致勃勃想学乒乓球的儿子一听打球二字便害怕。前妻曾多次想与他坐下来好好谈谈心，但每次都是以他的"毒舌"结束。而且慢慢地，他开始脏话不离口，对孩子也拳打脚踢。与自己的母亲说话就更不用提了，一贯使用他们家传统的沟通模式，脸没好脸，话没好话，母子俩却都觉得没什么不正常。

后来，公司被外资收购，冯先生失业了，每天在家里不是骂社会就是骂制度，对妻子、儿子更加没有好脸色。前妻劝导他出去找份工作，可他压根听不进去，一听到妻子提找工作就大吼大叫，蛮横不可理喻，越来越愤世嫉俗，看什么都不顺眼。前妻看看他的原生家庭，再看看他们的婚姻，失望至极，心寒至极，又担心孩子的身心健康问题，便提出了离婚。虽然父亲的陪伴缺失了，但至少孩子会在一个平和的环境中长大，也会学习与人平和地相处。

我们常说"家和万事兴"，如果家人之间和睦有爱、关心体谅、理解尊重，那么不管遇到什么难事、坎坷，都会互相扶持，商量着共同去面对。而不良沟通的家庭永远不会坐下来和颜悦色地商量任何事情，这样的家庭，日子肯定不会兴盛。如果家里有一个两个性格暴躁、过于自我的人，要想维持一个家庭表面上的和谐，势必有人要去承受这些负面情绪，而这个承受负面情绪的人很可能会因为长久积郁不发而身患疾病。许多不和气的家庭中总会有那么一两个身患重病的人，他们是为别人的坏脾气、没修养买单的牺牲者。

好好说话：不要让语言暴力毁掉孩子

最后，送给大家一枚锦囊：**一切交流始于倾听**

挺过黄金12秒之后便可以开始正常的沟通，也可以说，一切交流始于倾听。我们常说眼见为实、耳听为虚，但实际上，眼见的也不一定为实，或者说眼见的确实是事实，却未必是真相。

倾听时不要带入任何情绪。这样的倾听也叫作空杯倾听，有利于我们去了解事情的前因后果、看到真相。带着背景情绪倾听，无意中会过滤掉很多东西，不会听到全部，这样会影响沟通质量，有可能使交流困难。

我们可以给对方绝对的时间去整理语言、叙述事情经过，我们要在平静的倾听中获取信息，并对这些信息进行分类处理，把质疑之处暗暗记下来，待听完之后再提出疑问。

比如孩子去网吧，我们听完之后不要急于评判、教训、处罚，而要帮他找出问题原因，寻求解决方法，分析他这一行为的动机：他是想得到父母的关注还是想发泄坏情绪，是对自己的放弃还是只想与家长的权威叫板。通过倾听、分析，得出结论，找出症结，便容易找到解决方法了。

再比如孩子成绩不理想，但拒绝交流，我们可以按以下步骤与孩子沟通：第一步，平静地说出自己的真实感受；第二步，引导他陈述事件，说出自己的感受；第三步，表示理解及安慰，共同分析；第四步，得出结论；第五步，制定实施计划。

最好的倾听是全息倾听。所谓倾听，就是完全聚焦于对方，专注地听对方说了些什么，不带有主观判断的背景，从而得到事实。这样的倾听，说者不反感，听者能得到更多的信息。注意，倾听时不要随意插话提问，要做确认性的提问，不要带出别的问题。

全息倾听不只聚焦在对方一个人身上，而是用心感受对方给了

第三章　几种场合中的沟通与应对

我们什么信息，清楚对方语言背后的东西。最简单的方法是把对方看成一幅画面，倾听者调动身体所有的感观去感受、去体会。

愿各位家长真正学会沟通，助力孩子健康成长。